KB069594

어린이의 꿈 세계

어린이의 꿈 세계

꿈분석을 통한 아동심리치료

Brenda Mallon 저

유미숙 · 김미경 · 신미 공역

학지사

Dream Time with Children

Learning to Dream, Dreaming to Learn

by Brenda Mallon

역자 서문

우리는 누구나 꿈을 꾼다.

꿈속에서는 가지고 싶은 것을 가지기도 하고, 보고 싶은 사람을 만나기도 하며, 하고 싶은 일을 해 보기도 하는 행복감을 선물받는다. 그런가 하면 피하고 싶고 공포스럽고 걱정되는 일이 꿈속에 나타나 깨어나서도 마음을 불편하게 한다. 이렇게 우리의 삶이 꿈에 나타나기도 하고, 꿈이 우리의 삶에 영향을 끼치기도 한다.

인간의 마음을 연구하는 데 이런 꿈을 탐색하는 것이 오래전부터 활용되어 왔음에도 언어표현력이 서투른 아이들의 꿈을 연구하는 것은 쉽지 않았다. 악몽 때문에 울면서 부모를 찾는 아이들, 꿈을 꾸다 소변을 실수하는 아이들, 꿈과 현실을 구별하지 못하는 아이들, 이런 아이들의 꿈을 이해하기에는 여러 가지 어려움이 도처에 산재해 있다.

오늘도 아이들은 수많은 꿈을 꾼다. 그 꿈 때문에 성장에 도움을 받기도 하고 방해를 받기도 한다. 이때 어른들이 아이들의 꿈을 깊이 이해하고 잘 다루어 준다면 심리적으로나 전반적인 발달에 좋은 영향을 줄 수 있으므로 아이들의 성장 발달을 돕기 위해 꿈을 연구하는 것은 중요한 가치가 있다.

이 책은 아이들이 언제부터 꿈을 꾸는지, 어떤 꿈을 왜 꾸는지, 아이들이 꿈을 꾸면 어른들은 그 꿈을 어떻게 다루어 주어야 하는지를 구체적으로 안내하고 있다. 따라서 독자 여러분이 이 책을 통해 아이들의 꿈 세계를 이해하여 아이들과 마음으로 소통할 수 있는 능력이 향상되길 소망한다. 아이들을 돕고자 하는 아동교육자, 아동상담자, 놀이치료자는 물론 자녀를 사랑하는 부모들이 아이들의 내면 세계를 더 깊이 이해하고 도와주는 데 이 책이 일조하길 바란다. 여기에 소개되는 이론이나 기법들은 아동의 개인상담뿐만 아니라 집단상담 현장, 그리고 초등학교의 집단토의 시간에 활용할 수 있으므로 많은 어른이 이 책을 활용하여 행복한 아이들이 많아지길 간절히 바란다.

끝으로 오랜 번역 기간 동안 기다려 주시고 꼼꼼하게 도와주셔서 세상 밖으로 이 책을 내놓을 수 있도록 도와주신 학지사의 김진환 사장님과 편집부 하시나 선생님을 비롯한 모든 가족에게 감사한 마음을 전한다.

2012년 4월

역자를 대표하여 유미숙

차 례

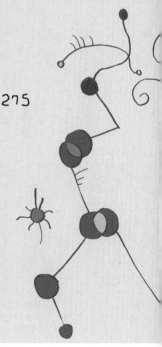

공격당하는 꿈

01
끝없는 아이들의 꿈 세계

세상 모든 사람은 누구나 꿈을 꾼다. 오지에 살든 대도시에 살든 문화나 성별, 종교, 인종과 상관없이 우리는 꿈의 세계를 공유한다. 태아도 태내에서 꿈을 꾸며, 아이들은 꿈 수면dream sleep 상태라고 불리는 REMrapid eye movement 수면 상태로 많은 시간을 보낸다. 사실 아이들에게 꿈은 필요하다. 꿈은 학습이 이루어지고 기억을 분류하고 저장하는 인지과정의 하나이기 때문이다. 아동의 학습력 증진과 정서발달에 관심을 갖고 있는 사람이라면 누구나 꿈의 강력한 영향력을 이해할 필요가 있다.

대부분의 아이들은 꿈에 관심을 갖는다. 한 사내아이가 내게 "꿈은 배게 밑에 있어요."라고 말한 적이 있는데, 이와 같이 아이들은 꿈이 외부에서 나타난 것이라고 생각한다. 그 아이는 자신이 잠이

들면 베개 밑에서 무언가가 튀어나와 자신의 머릿속을 괴물과 요술로 가득 채울 것이라고 믿었다. 나이가 좀 더 들면 아이들은 꿈이 '눈을 감으면 보이는 내면의 어떤 것'의 일부라고 깨닫는다. 또한 아이들은 공격을 당하거나 낯선 곳에 혼자 있는 듯한 느낌을 주는 무서운 꿈에 대해 걱정하기 시작한다. 그러나 어른들은 "그냥 꿈이야. 그런 건 금방 없어져. 괜찮아."라고 위로하기 때문에 아이들은 자신을 괴롭히는 꿈에 대해서 좀처럼 이야기하지 않는다. 이렇게 아이의 꿈을 무시하는 것은 아이에게 도움이 되지 않는다. 이럴 경우 아이가 다시는 꿈 이야기를 꺼내지 않을 뿐더러 심지어 수면장애까지 겪을 수 있는데, 이는 아이들에게 다시 꿈을 꾼다는 것은 악몽의 세계로 빠져드는 것을 의미하기 때문이다. 그러므로 아이들을 걱정한다면 그들의 꿈에도 관심을 기울여야 한다.

우리는 왜 꿈을 꾸는가

"꿈은 잘 기억하라고 꾸는 거예요."

—마크(7)

아이들은 자신의 꿈에 대해 누구보다 잘 알고 있다. 뿐만 아니라 아이들은 꿈이 행복을 위해 필요하고, 중요한 많은 기능을 한다는 것을 잘 안다. 나(Brenda Mallon – 역자 주)의 『꿈꾸는 아이들 *Children*

Dreaming』이라는 책에서 연구에 참여한 아동과 청소년들이 이러한 점을 자세히 설명해 준다. 그 후 내가 BBC TV를 통해 제작한 동명의 영상물이 2000년 꿈연구학회Association for the Study of Dreams conference에서 상영되었다. 아이들은 능숙하게 언어를 구사하지 못할 뿐이지 꿈의 중요성을 모르는 것은 아니다. 이 장에서는 여러분의 이해를 돕기 위해 아이들의 설명을 덧붙인다. 이는 당신의 자녀 혹은 당신 자신을 이해하는 데 도움이 될 것이다.

꿈은 뇌의 활성화를 돕는다

"머리가 스위치를 끄고…… 쉬다가…… 완전히 몸이 풀리면서 꿈나라로 가는 거예요."

－카밀(7)

뇌는 언제나 '활동준비 대기 상태' 이기 때문에 우리가 깨어 있는 동안에는 좀처럼 쉴 수 없다. 그러나 뇌가 '비활성off-line' 상태일 때, 즉 우리가 잠을 잘 때 비로소 뇌는 쉬면서 회복할 수 있다. 즉, 우리의 몸은 수면을 통해 낮에 활동하는 시간 동안 소모된 에너지를 충전한다. 수면과 꿈을 꾸는 것은 인간이 생존하는 데 있어 매우 중요한 행위다. 우리의 뇌는 우리가 꿈을 꾸지 않을 때인 서파 수면 slow-wave sleep(낮은 수면의 상태-역자 주) 상태에는 신체의 회복을 돕는 반면, REM 수면 상태일 때는 기억 통합과 같은 정신활동을 한다. 학습, 기억, 주의집중, 정서활동과 관련된 신경계는 꿈을 꾸는 동안 재생하여 회복한다. 에든버러Edinburgh 대학교의 이안 오스왈드Ian Oswald 교수는 수면 중에 바르비투르산염barbiturates과 같은 약물의 영향을 연구하면서, 많은 약물이 꿈 수면을 억제하고 일단 약물이 더 이상 투여되지 않으면 그에 상응하는 강렬한 꿈 수면의 반향주기rebound period가 발생한다는 것을 발견하였다. 이런 상태가 약 8주간 지속되었는데, 이는 뇌세포가 회복하는 데 걸리는 시간이기도 하다. 이 연구를 통해 오스왈드 교수는 꿈 수면 상태 동안 뇌는 스스로 회복된다고 보았다. 그러나 어떤 약물은 이러한 뇌의 재생을 방해한다. 그래서 일단 약물 투여가 중단되면 뇌는 닥치는 대로 꿈을 꾸는 것은 물론 결핍을 보충하기 위해 열심히 기능한다. 이에 대한 내용은 크리스토퍼 이반Christopher Evan의 『밤의 풍경Landscapes of the Night』에 자세히 설명되어 있다. 당신은 당신의 자녀나 직업상 만나는 아이들이 '지나치게 꿈에 얽힌' 에피소드에 대해 이야기하는 것을 종종 발견할 수 있다. 이런 경우, 아이들이 약물치료를 받고 있는 것은 아닌지 고려해 보아야 한다. 학습과 성격 형성이 활발하게 일어나는 REM 수면 상태는 신생아나 아이들의 수면 중 가장 많은 부분을 차지한다. 미국 정신과 의사 라몬 그린버그Ramon Greenberg와 체스터 펄만Chester Pearlman은 조산아의 경우 REM 수면 상태가 총 수면의 80% 정도를 차지한다고 밝혔다. 수면 연구가인 어니스트 로시Ernest Rossi는 새로운 학습에 대한 수용력이 감소하고 성격 발달이 멈추면 REM 수면도 연령에 따라 줄어든다고 언급하였다.

꿈은 하루의 일을 정리해 준다

"책이나 TV에서 무서운 걸 보면 꿈에도 무서운 장면이 나오는데, 꿈을 꾸고 나면 신기하게도 몸속에서 무서운 게 빠져나가 버려요. 꿈이 무서움을 쫓아내 줘요."

―나단(11)

열네 살의 록산느도 나단처럼 꿈의 이러한 중요한 특성에 대해 알고 있었다. 그녀는 다음과 같이 말했다.

"꿈을 꾸고 나면 머릿속에 있는 쓸데없는 고민들이 해결돼요. 꿈은 최근에 일어난 일이나 보고 들은 것과 연결되어 있거든요."

나단과 록산느의 생각 이면에 존재하는 과학적인 추론은 꿈의 '컴퓨터 이론'에서 찾을 수 있다. 이에 대해서 심리학자 크리스토퍼 이반 박사는 『밤의 풍경』에서 다음과 같이 설명하고 있다. 꿈 수면 시, 사람에게서 컴퓨터에 해당하는 뇌가 작동을 중지하고 하루 매시간 감각을 통해 밀려들어 온 다량의 정보와 자극을 분석, 정렬, 분류, 해석한다고 하였다. 이때 낡은 정보는 갱신되고 관련성이 적은 자료는 재분류되는데, 이 모든 작업은 우리가 깨어 있는 동안에는 일어나지 않는다. 우리가 깨어 있는 동안에는 처리해야 하는 정보가 다량으로 지속적으로 유입되기 때문이다. 명상을 잘 하거나 정신이 흐

트러지는 것을 스스로 조절할 수 있는 사람들은 뇌가 '활동 중on-line'
일 때도 이런 일을 할 수 있다. 그러나 많은 사람이 그렇게 하지 못하
므로 이러한 작업은 꿈을 통해 이루어진다.

> "기억은 하루 일과가 끝나면 잠잠해져서 오늘 일어난 일들을 분
> 류하여 순서대로 정리해요. 마치 컴퓨터처럼요. 내가 진짜로 볼 수
> 있는 짧은 영화예요."
>
> —커너(12)

꿈 수면의 주 기능은 발생한 정보를 처리하는 데 있다. 사람이 꿈
을 꾸면 뇌는 정보를 해석한다. 또한 화학적 변화는 REM 수면에 영향
을 준다. 어떤 화학물질은 다운증후군과 같은 정신질환의 특정 영역의
수준을 저하시키는데, 이때 그 아이들의 REM 수면에서 독특한 특성을
발견할 수 있다. 이반 박사는 이론을 지지하기 위한 근거로 신생아가
하루 24시간 중 절반인 12시간에서 16시간까지 잠을 자거나 꿈을 꾸
는 반면, 어른들은 8시간의 수면시간 중 단 20%만 꿈 수면 상태에 머
문다고 하였다. 요컨대, 아기들의 뇌가 새로운 세계에서 유입되는 어
마어마한 자극을 감당하려면 이렇게 긴 시간이 필요하다는 것이다.

> "어떤 걸 무서워하기만 하고 아무한테도 얘기하지 않으면 그것
> 이 꿈으로 나타나요. 우리 마음속에 그것이 계속 남아 있거든요."
>
> —마리아(11)

아이들을 대상으로 한 많은 TV와 비디오는 하루 종일 시끄러운 '오락' 프로그램을 주로 방영하는데, 꿈을 꾸는 것은 분명히 그 자료를 처리하는 것과 관련이 있다. 이 내용은 제6장에서 살펴볼 것이다. 그린버그와 펄만은 REM 수면이 정보를 이해하는 데 중요한 역할을 담당한다고 보고하였다. REM 수면은 정서불안을 감소시키는 효과가 있다. 예를 들어, 정서적으로 불편한 영화를 두 차례 보게 할 경우 그 영화를 처음 볼 때와 두 번째 볼 때 그 사이에 REM 수면을 취한 경우 정서불안이 감소되었는데 이는 꿈이 불안한 경험을 처리했기 때문이다.

꿈은 학습을 돕는다

"어떤 것을 배울 때 꿈은 이것을 기억할 수 있도록 도와줘요."

−자라(15)

학습기제가 손상되거나 지체된 아이들은 일반 아이들과 다른 수면 양상을 보인다. 우리가 자고 있는 동안 뇌는 주변의 소리를 잡아내고 이를 꿈의 내용으로 담아낸다. 예컨대, 침실 창문으로 빗소리가 들린다면 폭포에 관한 꿈을 꿀 수도 있다. 그러나 자폐아는 REM 수면 동안 정상적인 통로를 통해 들어오는 청각적 신호를 다루지 못한다. 발달지연인 자폐아는 신생아 때와 유사한 방식으로 청각적 신호를 다루므로 그들의 꿈은 일반 아이들과는 매우 다르다. 미국의 저명한 수면 연구가인 어니스트 하트만Ernest Hartmann 박사는 이에 대해 『수면의 기능The Functions of Sleep』에서 다음과 같이 설명하였다.

"새로운 정보의 학습이나 습득을 위한 신경구조를 가지고 있지 않은 사람은 현저하게 얕은 꿈 수면시간을 보인 반면, 학습이나 변화를 위한 능력을 지니고 있는 사람은 깊은 꿈 수면시간을 나타낸다." (p. 280)

"꿈을 꾸는 것은 머릿속에 있는 멀고 아득한 옛날 일도 생각날 수 있게 해 줘요."

－로즈마리(13)

로즈마리는 우리가 깨어 있는 동안 잊고 있던 기억과 경험을 꿈을 통해 만날 수 있음을 알고 있었다. 무엇보다도 REM 수면은 장기 기억을 잘 구성하기 위하여 반드시 필요하다. 꿈 수면을 취하지 않으면 우리 뇌에서는 정보처리 과정이 일어나지 않고 먼 과거나 바로 어제 일어난 일조차 떠올리는 것도 쉽지 않다. 또한 꿈 수면 없이는 어떤 일에 집중하기가 어려운 것은 물론 기억력이 떨어지고, 쉽게 짜증이 나는 현상을 초래한다. 만약 꿈 수면을 장기적으로 취하지 못하면 기괴한 태도를 보이다가 건강까지 해치고 만다. 따라서 꿈은 외부 현실세계와 내면의 마음을 이어 주는 필수불가결한 의사소통 영역이다.

꿈은 문제해결을 돕는다

"꿈은 보통 낮에 생각한 것과 비슷하지만, 아무도 방해하지 않은 상태에서 생각하기 때문에 일상과는 좀 달라요. 그래서 다른 것에 신경 쓰지 않고 그 생각에 더 집중할 수 있어요."

—마리(11)

이는 스티븐 애블론Steven Ablon과 존 마치John Mach가 추천한 『다시 생각하게 되는 아이들의 꿈Children's Dreams Reconsidered』의 한 대목이다. 정신분석가들은 현재 의식에 나타난 명확한 꿈의 내용과 잠재되어 있거나 숨겨진 내용을 중요하게 여겼다. 또한 꿈이 그날의 중요한 정서 내용을 처리하는 우리의 시도를 반영한다고 생각하였다.

우리는 흔히 "자고 나면 괜찮아져."라고 아이들에게 말하곤 하는데 이 말에는 우리는 자면서 문제해결을 하기도 한다는 뜻이 담겨 있다. 아이들은 자라면서 정서적인 어려움을 겪게 되는데, 특히 학교와 관련된 문제와 같이 실질적인 상황에서의 문제해결에 꿈이 도움을 준다는 것을 알게 된다. 가령 낮에 못 푼 수학문제를 꿈속에서 풀고 아침에 일어나기도 한다. 이는 꿈을 꾸는 동안 뇌가 가능한 모든 정보를 계속해서 처리해 나가기 때문이다.

꿈은 의사소통의 매개다

"꿈은 우리가 진짜로 좋아하는 것이 무엇인지 말해 줘요. 무의
식이 우리가 무슨 생각을 하는지 알게 해 주거든요."

-루시(11)

꿈은 꿈을 꾸는 사람이 스스로에게 메시지를 전달하는 내부 정
보체계다. 꿈은 내면의 투쟁을 보여 주고 혼란스러운 세계에 있는
당신이 풀어 나가는 복잡한 상황들을 들추어낸다. 특히, 신체적·정
서적 변화가 꿈에 반영되는 성장기 아이들의 경우가 더욱 그렇다.
이는 열한 살 메건의 꿈에서도 확연히 드러난다. 꿈에서 메건은 늑
대가 되었다.

"……마녀가 힘으로 나를 누르고 나를 늑대나 어둠의 왕자로 만

모자를 쓴 마녀

들어서 밤에 사냥을 나가요. 낮에는 내가 큰 털북숭이 개로 변하기 때문에 누가 사람들이나 동물들을 죽이는지 아무도 몰라요."

메건이 밤의 자신과 낮의 자신으로 자신의 혼란스러운 두 가지 욕구를 꿈을 통해 해결해 가는 것을 일반인이 알아차리기는 쉽지 않다. 메건은 꿈에서 자신의 내적 갈등과 의사소통을 하고 있다. 메건의 다른 꿈은 이런 사실을 더욱 명확하게 알려 준다. 메건은 신체적 · 정서적으로 변화를 겪게 되는 사춘기를 겪고 있다.

"제가 꾼 꿈 중에 가장 행복한 꿈은 제임스와 리암이라는 남자애들과 같이 놀던 거예요. 근데 그 아이들이 저를 놀리는 거예요. 저는 순간 토끼로 변해서 도망쳤고 나중엔 말이 되었어요. 그 남자애들은 저를 보고 크게 웃더니 갑자기 제 등에 올라탔어요. 그러다 제가 다시 작은 여자애로 변했고 그 남자애들은 다른 집 뒷마당으로 날아가 버렸어요."

우리는 여기서 메건의 변신에 주목해야 한다. 메건은 깡총깡총 뛰며 도망가는 토끼에서 강한 말로 변신한다. 즉, 메건은 자신을 놀리는 아이들에게 '억눌려 있는' 것으로부터 '벗어난' 것이라고 할 수 있다. 이는 상징이 풍부한 꿈이고, 다양한 수준에서 해석될 수 있다. 꿈은 무의식적 갈등, 불안, 두려움과 소통되므로 특히 아이들에게 여러 치료방식으로 사용된다.

뿐만 아니라 꿈은 스트레스를 주는 현실과도 의사소통을 한다. 어느 날 엄마는 열 살 캐리에게 아빠와 곧 이혼할 것이라고 말하였다. 그 후 캐리는 "저는 오랫동안 그런 꿈을 꾸지 않았는데요. 갑자기 계속 무서운 꿈을 꾸게 되었어요."라고 말하였다. 그리고 "전 엄마랑 아빠가 이혼하는 걸 걱정하지 않았어요. 그런데 꿈에서는 걱정이 되었어요."라고 하였다. 시간이 지나자 캐리는 더 이상 무서운 꿈을 꾸지 않았는데, 캐리는 "우리 가족이 한집에 살게 되어서 이젠 정말 화목해요."라고 말하였다.

스위스의 저명한 심리학자 칼 융Carl G. Jung은 꿈은 타인의 의사소통을 도와줄 뿐만 아니라, 우리 정신의 집단기억(가족, 인종)을 저장하는 '집단무의식collective unconscious'과 통하게 해 준다고 믿었다. 융은 개인적으로 중요하면서 자신만의 경험과 일치하는 꿈 외에도, 다양한 이미지와 상징이 가득하며 의식적으로 완전히 알지 못하는 꿈도 있다고 설명한다. 이를테면 갑자기 우리에게 '엄청난' 꿈이 엄습하여 우리를 괴롭히기도 한다. 무언가 중요한 의미가 있는 것 같은데, 우리는 왜, 어떻게 그런 꿈을 꾸는지 알지 못하여 괴로워한다. 열한 살 시아라의 꿈에서 이런 부분들이 여실히 드러난다.

"가장 행복했던 꿈에서 저는 순백색이 감도는 하얀 드레스를 입고 에덴 정원을 걷다가 하얀 천으로 감싼 아이를 보았어요."

시아라는 하얀 드레스와 아이를 둘러싼 하얀 천이 상징하는 순결한 장소에 자신이 있는데, 이를 자신이 파라다이스에 있는 것이라고 말한다. 또한 시아라의 꿈속의 아기는 융학파에서 언급하는 원형으로 '신의 아이Divine child' 라고 알려진 아기로 볼 수 있다. 이러한 이미지는 모든 대륙의 모든 연령대 사람들의 꿈에 등장하며 인간의 잠재력과 영성을 나타낸다. 이 외에도 열 살 선의 꿈에도 이러한 영성적인 측면이 등장한다.

> "누나 둘과 무인도를 날고 있었어요. 그런데 갑자기 바다의 왕이 다가오더니 그 섬을 들어 올려 우리를 천국으로 데려갔어요. 하늘의 문 주변에는 천사들이 날아다녔고 저를 반겨 주었어요."

꿈은 미래를 대비하게 한다

> "뭔가를 하려면 가장 먼저 꿈을 꾸어야 해요. 그러면 어떻게 해야 할지 금세 알게 되요."
>
> —앨빈(7)

앨빈처럼 미래의 행동이 리허설처럼 꿈에 등장한다는 생각은 누구나 한 번쯤 할 수 있다. 여섯 살 마크는 친구 집에 자러 가기로 했는데, 놀러 가기 며칠 전에 실제로 놀러 가는 꿈을 꾸었다. 꿈에서 마크는 잠옷이 든 가방을 가지고 학교에 갔고 방과 후 친구 어머니께서 마크를 데리러 오셨다. 이 꿈을 통해 마크는 비록 처음으로 자기

집이 아닌 친구네 집에서 잤지만 자신감을 얻을 수 있었다. 꿈은 마크가 미래를 준비할 수 있게 해 주고, 두려움을 없애 주었다. 그러나 약물이나 수면 부족으로 REM 수면이 줄어들게 되면 예기치 못한 상황에 대응하기가 어려워진다. 우리는 깨어 있는 동안 우리가 겪은 일에 대해 학습하고 꿈을 통해 미래에 필요한 때를 대비하여 정보를 처리 및 저장한다. 이처럼 비록 우리가 미래에 어떤 일이 일어날지 모른다고 하더라도 우리는 꿈을 통해 예기치 않은 일에 대비하는 방법을 찾을 수 있다.

꿈은 소원을 이루어지게 한다

> "꿈을 꾸면 자신에게 새로운 세계가 열리는데, 우리는 현실로부터 탈출할 수 있기 때문에 꿈을 꿔요. 현실에서 결코 일어나지 않을 것 같은 일들이 꿈에서는 일어나니까요. 꿈에서는 이 모든 일이 진짜로 일어나요."
>
> ─그웬(15)

꿈은 낮에 활동하는 현실세계 외의 새로운 세계를 경험하게 해 주는데, 이 새로운 세계를 통해 아이는 일탈을 하고 낮에 끝내지 못한 어떤 일을 하기도 한다. 전쟁 지역에 사는 여덟 살의 에린은 행복한 꿈을 자주 꾼다. 그중에는 자주 만나지 못하는 할머니도 등장하는데, 적어도 꿈에서는 에린의 소원이 이루어진다. 달리기 선수인 아홉 살의 알렉스도 꿈에서는 평소에 한 번도 이겨 본 적이 없는 친구를 제치고 일등으로 들어왔다. 알렉스는 "제가 정말 원했던 게 이루어진 셈이죠."라고 웃으며 말하였다.

현실을 회피하는 사람들은 여행, 로맨스, 동화, 아이들이 좋아하는 인기 있는 TV 프로그램이나 인기 스타에 관한 꿈을 종종 꾼다. 이들은 현실에서 할 수 없는 것을 꿈을 통해 경험한다. 소망이 충족되는wish-fulfilment 꿈은 아주 흔한 일이며, 이러한 꿈의 특징에 대해서는 마지막 장 '꿈꾸는 자의 환희'에서 다룰 것이다.

> "카일리 미노그(호주 출신 여가수-역자 주)를 보러 콘서트에 갔어요. 공연이 끝나고 밖에서 만났는데 우린 친구가 되었죠."
>
> -캔디스(9)

꿈은 자는 동안 일어나는 일을 말해 준다

"우리가 잠들어 있는 동안에도 머릿속은 여전히 그 일을 생각하고 있는 걸 보면, 그 생각은 머릿속에만 있는 게 아니라 살아서 움직이는 것 같아요. 사실 자고 있는 동안에는 스스로 생각을 통제할 수 없잖아요. 그래서 그 생각이 엉켜서 인물과 장소가 마구 바뀌는 등 말이 안 되는 현상들이 발생하죠. 우리가 어떤 것을 생각하거나 지나치게 기대하게 되면 그것에 대해서 너무 많이 생각하기 때문에 꿈에 나와요. 물론 자는 동안 방에서 어떤 일이 생기면 그것을 꿈으로 꾸게 되요. 예를 들면, 꿈에서 진짜 무거운 것을 옮겼는데 일어나 보니 무거운 고양이가 진짜로 제 등에 올라타 있었어요."

−헬렌(13)

앞에서 비에 관한 이야기를 언급하였듯이 꿈은 신체적인 일로 촉발될 수 있다. 그러나 브렛처럼 가끔은 메시지에 잘못 귀를 기울이기도 한다. 열여섯 살의 브렛은 어린 시절 침대에서 자주 소변을 보았는데 사실 브렛은 꿈속에서 화장실에 있었기 때문에 '소변을 보는 것이 괜찮은' 꿈을 꾼 것이다. 브렛이 꿈에서 깨어났을 때는 현실로부터 벗어날 수 없는 것을 꿈에서는 피할 수 있게 해 주었다. 사실 소변을 봐야 했던 브렛은 방광에서 전해져 오는 신체적 압력을 전달받았다. 그러나 그는 일어나 화장실에 가는 대신 꿈에서 해결하였던 것이다.

어떤 점에서 브렛의 꿈은 수면을 보호하는 방법으로 비춰질 수 있다. 즉, 꿈은 브렛이 잠에서 깨어나지 못하게 하였다. 프로이트 Freud는 이러한 수면 보호를 꿈의 중요한 기능으로 보았다. 부모가 자녀에게 소변보는 것에 대해 설명해 준다면 아이는 훨씬 편안해지고 덜 불안해할 것이다. 그리고 이를 알게 된 아이는 자기존중감이 높아져 잠결에 지도를 그리는 일이 줄어들 수도 있다.

"번개가 너무 많이 치는 어느 날 밤이었어요. 천둥과 번개가 치기 전에는 방 안이 무척 더워서 아빠가 창문을 열어 두셨어요. 그런데 천둥 번개가 동반되자 엄마가 제 방에 오셔서 창문을 닫아

주셨어요. 그날 밤 저는 엄마가 천둥 번개가 되어 우르릉 쾅쾅 소
리를 내고 창문이 닫히는 꿈을 꾸었어요."

—잭(12)

잭이 언급한 것처럼 외부의 영향과 활동은 꿈으로 찾아오곤 한
다. 이러한 꿈의 영향은 꿈꾸는 사람에게 신체적 반응을 일으킨다.

"꿈에서 죄를 저질러 교수형을 당했어요. 제 머리가 잘리는 순
간 저는 침대에서 떨어져 버렸어요."

—애나벨(10)

꿈은 우리를 즐겁게 한다

"침대에서 딱히 할 것이 없는 우리는 지루하기 때문에 꿈을 꾸
는 거예요."

—시몬(10)

열세 살의 브라이언은 "우리가 꿈을 꾸면 잠든 동안에는 심심하
지 않잖아요."라고 말하였다. 그에게 있어 꿈을 꾸는 것은 일종의 내
부 오락체계다. 꿈을 꾸면서 브라이언은 마음이 편안해진다. 많은
아이처럼 브라이언도 지루하지 않으려고 꿈을 꾼다고 굳게 믿고 있
었다.

"우리에게 문제가 생기면 꿈이 격려해 주기 때문에 꿈을 꾸는 거
예요."

-에린(11)

아이들은 "잠이 들려고 할 때 왜 움찔 놀라는 것 같은 기분이 들
어요?"라는 질문을 하게 된다. 이것은 '마이크로닉 경련mioclonic jerk'
으로 알려져 있다. 주요 근육이 이완되면서 뇌가 꿈에서 잘 깨지 않
게 하는 수면 모드로 전환될 때, 그 전환과정이 원활하게 이루어지
지 않을 수도 있는데 이때 마이크로닉 경련이 일어나기도 한다. 이
것은 자동차의 기어를 갑자기 바꾸면 우리가 움찔하게 되는 것과 같
은 이치다. 따라서 아이는 갑자기 떨어지거나 움찔하는 경험을 한
다. 여덟 살 찰스의 경우를 보면 이에 대해 알 수 있다.

"꿈에서 저는 생쥐였는데 하수도 구멍으로 마구 떨어지다가 잠
에서 깼어요."

 아이들의 꿈에는 주제가 있다

아이들이 왜 꿈을 꾸는지 알았으니 이제부터는 꿈의 주제에 대
해 살펴보려고 한다. 아이들의 꿈에 관한 주제는 역사적, 문화적으
로 일관성이 있다.

"저는 제 자신이 길고 긴 어두운 복도를 따라 걷는 걸 보았고, 갑자기 담임인 존스 선생님께서 제 뒤를 몰래 뒤쫓아 오고 계셨어요. 제가 뒤를 돌아보았을 때 선생님은 수학 문제를 내기 시작했고 그때 저는 잠에서 깼어요."

-로빈(10)

위협적인 꿈속에 등장하는 인물은 환영받지 못하는 불청객이다. 이 불청객들은 시간이 지나면서 괴물, 귀신, 모르는 남자와 야만적인 적, 심지어 가족 중 누군가로 점차 변해 간다. 런던의 장학사 찰스 키민스Charles Kimmins는 1918년에 방대한 아이들의 꿈 이야기를 수집하였는데 이를 요즘 아이들의 꿈과 비교해 보면 무척이나 흥미롭다. 과연 1918년과 현재의 아이들의 꿈은 얼마나 다른가? 키민스는 8명 이하의 아이들의 무서운 꿈 중에 25%가 '주로 싫은 사람이 무서운 대상으로' 이루어졌음을 알아냈다. 요즘 아이들도 비행기 폭격과 같은 현대적인 것을 제외한다면 같은 주제로 꿈을 꾼다. 물론 그때는 꿈이 TV나 비디오의 영향을 받지 않았기 때문에 분명히 책이 꿈의 심상을 자극하였다.

"가장 무서운 꿈은 누가 저를 쳐다보고 쫓아오는 꿈이에요."

-클로다프(10)

키민스가 밝혀낸 전형적인 꿈의 주제는 다음과 같다.

- 소망 충족과 두려움

- (떠다니거나 날아다니는 것과 같은) 운동감각적인 움직임

- 동화와 관련된 내용

- 용기와 모험

- 학교활동

- 영화의 영향

- 흥미진진한 책

- 대화

- 분리

제2부에서 '꿈의 주제'에 관하여 보다 자세히 다루겠지만 여기 서는 먼저 아이와 꿈에 대한 이야기를 할 때 접할 수 있는 개괄적인 내용에 대해 살펴보려고 한다.

불안에 관한 꿈

"우리가 걱정하거나 안절부절못하니까 꿈을 꾸는 거예요."

-질(10)

괴물은 흔히 아이들의 꿈속에 숨어 있다. 깨어 있을 때는 어른들 이 아이들을 보호해 주지만 꿈에서는 그렇지 않기 때문에, 모든 두 려움과 걱정이 꿈의 도처에 깔려 있다. 드라큘라, 늑대인간, 〈나이

트메어: 엘름 거리의 악몽Nightmare on Elm Street〉에 등장하는 프레디, 그리고 사악한 유괴범은 꿈꾸는 사람을 뒤쫓고 괴롭힌다. 그림에서 볼 수 있듯이, 우리가 선택할 수 있다면 굳이 만나고 싶은 대상은 아니다.

이처럼 갈등은 불안을 만들고, 꿈은 불안을 드러내 이를 감소시킬 방법을 제공한다. 이러한 꿈의 적응적인 기능은 아이가 격렬한 감정을 표출하고 그것을 넘어설 수 있도록 도와준다.

유괴범

추격 또는 공격 받는 꿈

"사람들한테 갑자기 매 맞는 꿈을 꿨어요."

−니겔(10)

아이들은 꿈에서 도시의 거리나 인적 없는 사막에서 이리저리 쫓기는 자신을 발견한다. 사자나 늑대와 같은 동물에게 쫓기는 아이들도 있고 귀신, 괴물, 외계인에게 쫓기는 아이들도 있다. 아이에게 상상 속의 위협이든 실제로 닥친 위험이든 이러한 두려움은 자기 자신이 다치는 꿈으로 변형되기도 한다. 여섯 살 로잔나에게는 평소 비둘기를 무서워하는 것이 꿈으로 나타났다.

"여느 때처럼 집에 있다가 잠깐 밖에 나갔는데 수많은 비둘기가 있었어요. 저는 비둘기 때문에 순간 꼼짝할 수 없었고 비둘기들은 계속해서 저를 쪼아 댔어요. 엄마한테 가려고 했지만 문 쪽으로 갔을 때 숨어 있던 비둘기가 사정없이 저를 쪼았어요."

이는 아이들이 잠에서 깨어났을 때 명확히 표현하지 못하는 취약함을 가지고 있음을 보여 준다. 아이들의 꿈속에서 심상은 상처입고 힘을 잃은 두려움을 드러내고 자신을 지켜 주는 수호자를 찾을 수 없게 한다. 다음에 나오는 아홉 살 루퍼트처럼 아이들은 쫓고 쫓기는 꿈을 꾸기도 한다.

"침대에 누워 있는데 갑자기 제 몸이 사라져 버렸어요. 그때 바다에서 저에게 돌진하는 커다란 백상어를 보았어요. 이 꿈을 반복해서 계속 꾸다가 식은땀을 흘리며 잠에서 깼어요."

루퍼트는 자신이 상어로 변하는 꿈을 꾸었는데, 평소 루퍼트는 상어 공포증이 있었다.

어떤 아이들은 추격하는 사람들을 따돌리고 날아올라 멀리 달아나기도 한다.

"레드 인디언(아메리칸 인디언-역자 주) 갱단이 저를 쫓아와서 저는 깊은 골짜기를 뛰어넘어 날아갔어요."

－니콜라스(10)

그들은 끔찍하고 심각한 소용돌이를 빠져나오면서 위험을 극복해 간다. 이는 매우 긍정적인 반응이고 자신에 대한 개인적인 힘과 스스로에 대한 믿음을 확인할 수 있게 해 준다.

보상에 관한 꿈

"우리는 소망을 이루려고 꿈을 꿔요."

－데이비드(10)

아이들은 일상에서 부족한 것이 있거나 그렇다고 느끼면 보상에 관한 꿈을 꾸게 된다.

음식을 무척 좋아하는 데이비드는 항상 배가 덜 부르다고 느껴서인지 음식에 관한 꿈을 꾼다고 하였다. 그 꿈은 아이가 현실에서 바라는 것을 들어준다. 특히 이런 꿈은 부모가 이혼하는 가정의 아이에게서 쉽게 발견할 수 있다. 한 아이는 "저는 엄마랑 아빠가 헤어지기 전의 시간으로 돌아가게 하는 시계 꿈을 꿔요."라고 말해 주었다. 꿈속에서 그 아이는 자신의 인생에서 가장 행복했던 시간으로 돌아가는 것이다.

신화와 미디어에 관한 꿈

"TV에서 무서운 것을 보면 그것이 악몽이 되어 꿈에도 나타나요."

－제인(10)

추측컨대, 세상의 모든 이야기는 일곱 가지로 압축할 수 있고, 모든 책과 영화, TV 연속물, 전설은 이러한 이야기의 최초의 주제가 변형된 것으로 볼 수 있다. 우리는 아이들의 꿈에서 이러한 이야기가 어떤 영향을 미쳤는지 알 수 있다. 예컨대, 스테파니의 꿈에는 『립 밴 윙클Rip Van Winkle』(시대에 뒤떨어진 사람, 20년 동안 자다가 깨어난 사나이에 대한 이야기－역자 주)이나 『백설공주』에서처럼 깊은 잠을 자다가 전혀 다른 세상에서 깨어나는 것과 관련된 주제를 포함하고 있다.

"자전거를 타고 있는데 어떤 개가 제 뒤를 따라왔어요. 그런 다음 녹색 귀신이 튀어나와 저를 깊이 잠들게 했어요. 그 귀신은 저를 자신의 동굴로 데려가 개의 굴 속에 던져 버렸어요. 그리고 나서 잠에서 깨어났는데 이상하게도 방 안에 그 개가 있다는 생각이 들었어요."

-스테파니(10)

열 살 매티의 꿈에는 동굴 이미지가 계속 나타난다. 매티의 꿈에는 소망하는 것을 찾기 위해 상징적으로 가장 깊은 곳에 들어가야 하는 요소가 존재한다.

"크고 어두운 동굴로 점점 들어가서 아치 길이 나올 때까지 걷고 또 걸었어요. 그때 저는 아치 길 안에서 제가 쥘 수 있는 만큼 황금을 한 가득 가져왔어요."

아이들은 TV와 비디오에 크게 영향을 받고 이들 매체는 아이들의 꿈에 엄청난 자극을 준다.

"무서운 영화를 보면 그 영화를 다시 꿈으로 꿔요."

-자넷(10)

"영화나 비디오는 살인과 전쟁에 관한 꿈을 꾸게 해요."

-데이비드(10)

동물에 관한 꿈

"가장 무서웠던 꿈은 개에 관한 꿈이었어요. 개가 저에게 달려올 때 입에서는 뱀이 튀어나와서 매번 나를 물려고 했어요. 저는 그 순간 빨리 도망쳤죠."

—니콜라스(10)

동물은 아이들에게 무척 중요하며, 꿈에서는 실제 동물을 의미하기도 하지만 사람이나 감정을 위장시켜 표현하는 대리물이기도 하다. 예컨대, 개와 뱀은 니콜라스에게 무섭게 겁을 주는 사람, 아마도 나쁜 마음을 먹고 말로 공격하는 어떤 사람을 상징할 것이다. 이와 같은 동물에 관한 내용은 아이들의 꿈의 세계를 더 여행한 뒤 다시 논의할 것이다.

문제해결에 관한 꿈

"어떤 문제를 해결해야 하거나 신경 쓸 것이 많을 때 우리는 스트레스를 받아요. 곰곰이 그 문제를 생각하다가 결국 이 스트레스가 꿈을 꾸게 해요. 그래서 우리는 꿈을 꿔요."

—니씨(10)

우리가 자는 동안 뇌는 걱정거리를 계속 고민한다. 위대한 과학자들은 자신들의 발견과 발명을 가능케 했던 꿈의 힘을 언급하였다. 벤젠 고리를 발견하였던 프레드릭 케쿨레Friedrich Kekulé von Stradonitz는 1890년 벤졸 회의장에서 자신의 보고서를 다음과 같이 마무리 지었다. "여러분, 꿈을 꾸세요."(van der Castle, 1994, p. 36에서 인용함)

그러나 현실은 꿈을 꾸는 것인가, 깨어 있는 것인가

영국에 사는 열세 살의 캐서린은 어렸을 때 자신의 꿈이 미국의 어떤 여자아이에게 실제로 일어나고 있고, 낮 동안 캐서린에게 일어났던 일은 실제로 다른 여자아이에게는 꿈일 것이라는 생각을 했다고 말하였다. 대다수의 어른들도 꿈과 현실의 혼란스러움에 대한 이야기를 하곤 한다. 우리가 꿈꾸고 있는 것과 깨어 있는 것, 과연 어떤 것이 '진짜' 세계인가? 이 중 하나라도 없다면 우리는 온전히 살아갈 수 없기 때문에 이 두 세계는 우리 삶에 필수적이다.

곰에게 쫓기는 남자아이

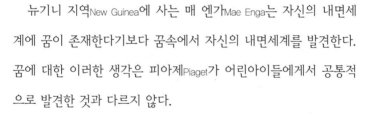

02
아동 연령과 꿈의 단계

뉴기니 지역New Guinea에 사는 매 엔가Mae Enga는 자신의 내면세계에 꿈이 존재한다기보다 꿈속에서 자신의 내면세계를 발견한다. 꿈에 대한 이러한 생각은 피아제Piaget가 어린아이들에게서 공통적으로 발견한 것과 다르지 않다.

-칼 오닐Carl W. O' Neill,

『꿈, 문화 그리고 사람들Dreams, Culture and the Individual』

아이들이 자라면서 꿈도 함께 커 간다. 즉, 아이들이 자신의 성장속도에 맞춰 커 가는 것처럼 그들의 꿈도 깨어 있는 인지발달의 단계와 나란히 커 간다. 이렇게 꿈을 꾸는 것은 인지적 활동이며, 아이들은 꿈속에서 이야기와 이미지의 기억을 재조직화한다. 이런 방식을 통해 아이들의 꿈은 자신의 삶을 배워 나가는 이야기가 되기도 한다. 다음에 제시한 단계들은 아이들이 어떤 내용의 꿈을 꿀 수 있는지 대략적인 가이드를 제공한다. 그러나 꿈은 유아기의 아동이 꿈에 대해 말하기 이전부터 시작된다.

 태내에서 꿈꾸기

프란시스 크릭Francis Crick과 그램 미치슨Graeme Mitchison은 초기 아동발달에서 꿈을 꾸는 것과 그 중요성에 관하여 종합적으로 연구한 결과, 태아가 독자생존을 위해 필수적인 고도의 복합과정을 성숙·성장시키는 임신 후 3개월부터 태내에서도 꿈꾸는 것이 가능하다고 밝힌 바 있다. 이는 태내에서의 REM 수면이 아기에게 미래를 준비시키거나 '예측' 하게 하는 것과 같다. REM 수면은 중추신경계를 자극하여 이후 구조적 성장을 돕기 때문에 필수적이다. REM 수면은 또한 뇌의 신경경로를 조직하는 기제를 갖추도록 돕는다. 따라서 신생아는 성인보다 훨씬 많은 양의 REM 수면이 필요하다. 성인의 경우 그 경로가 이미 저장되어 있기 때문에 신생아만큼 많은 꿈을 꾸지는 않는다. 그러나 안타깝게도 우리는 영아들이 어떤 꿈을 꾸는지 물어볼 수 없기 때문에 무작정 관찰하고 짐작할 수밖에 없다. 그러나 언어를 배우기 시작하는 걸음마기 즈음부터 아이들은 꿈에 대해 스스로 말할 수 있게 되고, 우리는 아이들로부터 직접 꿈에 대해 들을 수 있게 된다.

걸음마기(유아기)에는 어떤 꿈을 꾸는가: 2~3세

"노란 용이 꼬리에서부터 코, 입, 왼쪽 발까지 불을 뿜어 냈던
꿈이 제가 가장 어렸을 때 꿨던 꿈이에요."

―캐시(8)

유아기의 아이들은 꿈의 세계를 현실세계로부터 분리하는 데 어
려움을 겪는다. 3세까지의 아이들은 꿈이 신, TV, 요정, '머리맡에
있는 그림'에서 튀어나온다고 이야기한다. 이에 반해 6~7세의 아이
들은 꿈이 '외부세계'에서 일어나는 것이 아니라 자신의 머릿속에
서 일어난다는 사실을 수용하기 시작한다. 다시 말해, 이 시기의 아
이들은 외부의 현실세계와 내면의 꿈 세계를 구별한다.

유아기의 아이들은 자신이 꾸었던 꿈에 대해 조리 있게 말하지
못하고, 특수교육이 필요하거나 발달지연을 보이는 아이들은 자신
의 꿈을 설명하고 연결 짓는 데 제한된 능력을 보일 수 있다. 이는 이
연령대 아이들의 언어발달은 상당히 제한적 능력을 보이기 때문에,
아이들이 서너 살이 되어서야 비로소 하나의 완전한 그림으로서의
'머리맡의 그림'을 우리에게 제공하게 된다. 물론 언어적 표현력이
부족할지라도 두세 살의 아이들 중 상당수가 잠이 들든 들지 않든 침
대에 누워 눈을 감기만 하면 꿈을 꾸는 것이 가능하다고 생각한다.

네 살배기 매리골드는 시골 마을에서 한참 떨어져 있는 작은 학

교에 다닌다. 이 아이가 살고 있는 농장은 매리골드의 꿈에 수많은 이미지를 불어넣어 준다. 사실 매리골드는 꿈이 자신의 생각이 아니라 창문 밖의 '들판에서' 온다고 말하였다. 최근 매리골드는 '물어뜯는 호랑이'가 자기 방 벽장에서 튀어나오는 악몽을 꾸었다. 많은 아이가 그러하듯이 매리골드 역시 위험한 것들이 모두 자기 방에 살고 있다는 상상을 한 채로 잠자리에 들고 그러한 두려움이 꿈으로 나타난 것이다.

세 살가량의 아이들 중에는 꿈에 대해 전혀 입을 떼지 못하는 아이들이 있는가 하면, 어떤 아이들은 꿈에 대해 세련되게 설명하기도 한다. 악몽은 세 살부터 열여섯 살까지의 아동 모두에게 자주 나타난다. 그러나 이 책에서는 열세 살 아동까지를 중점적으로 살펴볼 것이다.

🌸 학령전기의 꿈 : 4~5세

학령전기의 아이들은 본능적이고 자기중심적인 면을 통제하면서 사회집단의 규범 내에서 살아갈 수 있는 방법을 배워야 하므로, 모든 갈등이 이 시기에 일어난다. 이러한 갈등은 아이들에게 벅차기 때문에 과도기의 내면 갈등이 꿈을 통해 드러난다. 같은 맥락으로 사회화 과정은 어른들에게도 무척 어려울 수 있다.

열두 살의 루신다는 자신이 네 살 때 가졌던 갈등의 꿈을 기억하였다.

"저는 엄마와 자주 갔던 상점의 창문 너머에 있는 마네킹에 관한 꿈을 꾸곤 했어요. 그 꿈을 꾸기 시작했던 때가 네 살 즈음이었지만 여덟 살이 될 때까지 밤마다 그 꿈을 꿨어요. 마네킹이 두 개 있는데, 하나는 빨간 머리를 하고 있었고, 다른 하나는 하얀 머리를 하고 있었어요. 빨간 머리의 마네킹은 악마였는데 저를 나쁜 곳으로 끌고 가려고 했어요. 다른 마네킹은 조용하긴 했지만 사악한건 마찬가지였어요. 매일 밤 다른 일들이 일어났었어요. 지금은 이 이야기가 하나도 무섭지 않지만 네 살짜리 아이한테는 꽤 무서운 것이었어요."

우리는 갈등이 피할 수 없는 자신과의 싸움으로 어떻게 상징화되는지 알 수 있다. 게다가 인간은 매우 복잡한 존재이며, 이는 어른이나 아이나 마찬가지다. 또한 개개인은 중심점을 지니고 있으며 다이아몬드처럼 다면적이다. 우리는 깨어 있는 동안 결코 고민하지 못한 자신의 다양한 모습을 꿈을 통하여 경험한다. 아이들은 그런 꿈에서 착한 사람이 되고 싶은 마음과 악당이 되고 싶은 마음을 모두 가지고 있는데, 꿈은 아동의 이러한 내면상태를 충분히 반영한다.

빨간 머리와 하얀 머리의 마네킹처럼, 꿈이라는 드라마에서 다른 등장인물에 대한 감정의 투사는 의식수준에서 드러나지는 않는다. 아이들은 TV 프로그램, 영화, 책으로부터 착한 편과 나쁜 편의 싸움을 눈여겨보면서 욕심 많은 늑대와 아기 돼지 삼형제와 같은 등장인물들이 어떻게 힘든 시기를 견뎌 나가는지를 배운다. 이는 나쁜 일을 해 보고 싶기는 하지만 착하고 말 잘 듣는 아이가 되고 싶기도 한 아이들의 내적 갈등을 비춰 준다. 동화 『피노키오』는 이런 주제를 설명하는 가장 적절한 예다.

"저는 여러 악령이 제 방으로 들어와 바닥에 있던 장난감을 마구 던지고 부수며 커튼을 찢는 꿈을 꾸었어요. 그러고 나서 그들은 아래층으로 내려갔는데 그 순간 우리는 어떤 악령도 볼 수 없었어요. 그다음에 저는 깨어났고 모든 장난감이 제자리로 돌아와 있었죠."

-헤더(8)

잠에서 깬 헤더는 장난감이 그대로 방 안에 있다는 사실에 깜짝 놀랐다. 어른들에게도 그렇듯이 수많은 아이들에게 꿈은 깨어 있는 사건만큼이나 진짜처럼 느껴진다. 어린아이들은 괴물, 귀신, 요정이 등장하는 꿈을 꾸는데 이러한 요정의 세계는 대개 아동기와 관련이 있다. 요정의 세계는 신비하고 환상적인 세계이지만 다른 한편으로 자연의 세계이기도 하다. 또한 요정들은 골짜기를 따라 깊은 숲 속에 산다. 그들도 우리와 같은 고도의 사회체계를 가지고 있고 왕과 여왕 그리고 집행 가능한 법이 존재한다. 그들의 세계에도 사람들처럼 선한 편과 악한 편이 있고, 따라서 아이들은 신비한 세계의 요정들과 자신을 동일시하며 꿈을 꾼다. 동물은 아이들의 꿈에 단골로 등장한다. 꿈속에서의 고양이, 개, 늑대, 새는 대개 꿈을 꾸는 사람을 대신한다. 가령, 우리가 느끼는 것이 얼마나 파괴적인지를 인정하는 것보다 뿔난 황소에게 화가 난 모든 감정을 투사하는 것이 훨씬 더 '안전하다'. 여섯 살 이반 미슈코브의 일화는 이를 잘 설명해 준다. 미슈코브는 일찍이 엄마에게 버림받고 모스크바 외각의 개 떼와 함께 성장했다. 1998년의 〈더 오브저버The observer〉신문의 보고에 따르면, 미슈코브는 2년 동안 개 떼와 함께 지내면서 개에 관한 꿈을 끊임없이 꾸었다고 밝혔다. 미슈코브는 "저는 개들과 더 잘 살았어요. 개들은 저를 보호하고 아껴 주었죠."라고 말하였다.

마녀 또한 선악에 대한 갈등을 상징한다. 예를 들면, 전통적으로 검은 옷을 입은 마녀는 악마를 상징한다. 마녀라는 상징은 길들여지지 않은 '현명한 여성'으로, 미지의 원형적인 힘에 대한 두려움에 대응하는 고전적인 캐릭터다. 마녀가 나오는 꿈에서 아이들은, 그림스Grimms의 요정 이야기에 등장하는 전형적인 표상을 표현하기도 한다. 특히 아이가 엄마에게 혼나서 화가 난 직후에는 꿈에서 엄마가 마녀로 등장하기도 한다. 학령전기 아이들의 다양한 꿈은 아이들이 성장하고 성숙하는 만큼 자란다. 그것이 연령별로 어떻게 변화하는지 자세히 살펴보도록 하자.

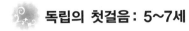 독립의 첫걸음 : 5~7세

어린아이들의 꿈은 생생하고 매우 사실적이다. 여섯 살의 한 남
자아이는 어떤 사람이 3펜스를 주는 꿈애서 깨어나자마자 침대에
서 그 돈을 찾기 시작하였다.

-찰스 키민스Charles Kimmins

자녀가 등교하는 첫날, 엄마들은 아이를 지켜보며 종종 시원섭
섭한 감정을 느낀다. 아이를 홀로 학교에 남겨 두고 돌아갈 때 마치
인생의 새로운 단계를 막 시작한 것만 같아서 굳이 아이가 먼저 울
지 않아도 눈물을 글썽이게 된다. 이는 분리의 과정이 실제 이루어
지게 된 것을 보여 준다. 아이가 학교와 또래친구라는 보다 독립적
인 환경에 적응해 나가는 이 과도기에서 아이들의 꿈은 날아가는 것
과 같은 신체감각적인 동적 요소와 이미지를 포함하는 연속성이 있
는 이야기를 발전시켜 나간다. 또 이 시기의 아이들은 예측할 수 없
는 안 좋은 일들이 벌어질 수 있다는 것을 점점 더 알아간다. 예를 들
면, 가족 중 누군가 아프거나 떠날 수도 있다는 것을 이해하기 시작
하는데, 꿈은 이런 자각에 초점을 맞춘다. 분리에 대한 두려움은 엄
마가 나를 버릴지도 모른다는 꿈으로 전개된다.

"꿈에서 병원에 있는 엄마를 보았어요."

-조티(6)

다섯 살의 아이들은 귀신과 괴물이 나오는 꿈을 반복해서 이야기한다. 등장하는 다른 중심인물들은 대개 제멋대로이고 신화적인 마녀나 동물들인데, 가까운 가족이면서 동시에 어떤 식으로든 상처받은 존재들이다.

"어느 날 밤 저희 집에 흡혈귀가 들어와 엄마와 저를 물어뜯는 꿈을 꾸었어요."

-캐리(6)

이 시기의 아동들은 여전히 꿈을 꾸는 것과 현실로 깨어나는 것을 구별하는 데 어려움을 겪는다. 그러나 많은 아이는 아직도 꿈이 외부에서 비롯된다고 믿고 있으면서도 자신이 꿈을 꾸고 있다는 사실을 알고 있다.

"꿈에서 마녀를 봤는데 마녀가 제게 주문을 걸어 개구리로 만들어 버렸어요. 그래서 저는 개굴개굴 울었어요."

-샐(6)

이 시기에 나타나는 공통적인 주제는 쫓기는 것이다. 추격하는 것이 사람이 아닐지라도 말이다. 샐리는 여섯 살 때 세탁기에 관한 꿈을 꾸었는데 세탁기가 방을 돌면서 자신을 계속 쫓아왔다. 그러고 나서 샐리는 사악한 변기에 관한 꿈을 자주 꾸었다.

"꿈에서 열렸다 닫혔다 하는 변기가 나왔는데 변기를 쓰려고 하는 사람들을 다 잡아먹었어요. 뿐만 아니라 변기를 사용한 후에 어떤 사람이 문을 닫았는데 물이 마구 넘치는 꿈도 꾸었어요. 한번은 제가 변기를 사용하고 나갔는데 거기에 뭔가를 깜빡 두고 온 거예요. 그래서 다시 갔어요. 그런데 문이 쾅 닫혀 버려서 나갈 수가 없었고 결국 물에 빠져 버렸어요."

변기나 세탁기와 같이 일상적인 물건들이 아이들에게는 무시무시한 소리를 내며 살아 숨쉬는 공포의 존재로 비춰질 수 있다. 그러나 어른들은 이러한 사실을 망각하기 쉽다. 여섯 살배기 크리스토퍼는 집을 산산조각 내고 자신을 잡아먹은 머리가 두 개 달린 굉장히 큰 애벌레 꿈을 꾸었다. 다른 많은 아이들의 경우와 마찬가지로 크리스토퍼의 꿈은 그가 깨어 있는 동안 행동에 영향을 준다. 예컨대, 크리스토퍼는 엄마의 가방에 괴물이 들어 있는 꿈을 꾸었는데 다음 날 쇼핑하는 동안 가방에 닿지 않으려고 엄마를 피하는 것은 물론 엄마의 가방 근처에도 가까이 가지 않으려 하였다. 크리스토퍼의 엄마는 아이가 꿈에 대해 말해 주기 전까지는 그의 행동이 단순히 이상하다고만 여기고 의아해하였다. 5~7세 아이들의 성장에 있어서

twice a giant caterpillar squashed
my house and it is eating me

우리 집을 부수고 나를 잡아먹는 두 배로 큰 왕애벌레

꿈과 현실의 경계선은 분명하지 않다.

또 다른 특징으로, 꿈속에서의 용기와 모험심은 이 또래에게서 쉽게 찾을 수 없다. 여섯 살 케지야는 특별한 능력을 주는 꿈을 꾼 보기 드문 예다. 케지야의 꿈을 살펴보면, 다음과 같다.

"저는 제가 원하는 것은 어떠한 것으로도 변할 수 있어요. 한번은 이 세상에서 최고로 강한 사람이 되어 불이 난 곳에 사람들을 도와주러 갔어요."

 나아가기: 7~9세

이 시기의 아이들은 꿈을 수정해 나가는 경향을 보인다. 이전 시기에서처럼 카메라 렌즈로 여기저기를 관찰하기보다 꿈을 지켜보고 꿈의 활동에 참여하는 등장인물이 된다. 또한 가족 외의 사람들과 '나쁜' 혹은 어떤 식으로든 위협하는 낯선 사람들이 등장하는 꿈이 늘어난다. 이 시기의 아이들은 독립성을 길러 나가고 있기는 하지만 꿈을 살펴보면 이 아이들은 여전히 쉽게 상처받고 저항력이 없는 존재임을 알 수 있다.

"제가 꾸었던 가장 무서운 꿈은 아저씨 두 명이 저를 납치해 숲으로 데려간 뒤 일주일 동안 그곳에 붙잡아 둔 거예요."

–카산드라(7)

"저한테 가장 무서운 꿈은 언니랑 세발자전거를 타고 있는데 어떤 사람이 언니를 지켜보고 있다가 데리고 가 버린 거예요. 이상하게도 그 꿈이 자꾸자꾸 생각나요."

–움자(9)

아이들은 무력감이 주는 감정들과 사투를 벌인다. 일곱 살배기 클로데트는 꿈속에서의 싸움에서 이겼지만 그렇게 하기 위해 무척이나 애를 써야 했다.

"전 언니가 나오는 꿈을 꾸는데 그 꿈은 무시무시한 꿈이에요. 린 언니가 창문 옆 의자에 앉아 있는데 꼭 그림 같았어요. 어떤 사람이 창문 옆으로 왔는데 귀신이었어요. 귀신은 목을 졸라 언니를 죽였어요. 언니가 죽어서 방바닥에 뻗었는데도 귀신은 계속 목을 졸랐어요. 저는 언니 옆에서 잠이 들었어요. 잠에서 깨어나 방바닥에 있는 언니를 봤는데 그것도 꿈이었어요. 저는 울면서 벌떡 일어났는데 글쎄 언니는 침대에서 자고 있는 거예요."

클로데트는 언니가 중심인물로 등장하는 또 다른 꿈을 이야기해 주었다.

"꿈에서 악마가 나왔는데, 언니와 저는 모두 악마한테 붙잡혔어요. 악마는 우리에게 정원에 있는 땅을 파게 했어요. 저는 열심히 땅을 파다가 칼 하나를 찾았어요. 우리는 악마의 집에 살금살금 들어가 칼로 악마를 푹 찌르고 그곳을 빠져나왔어요. 우리가 악마를 속인 거죠. 아주 통쾌했어요."

많은 갈등을 겪고 있는 몇몇 가족 중에서도 형제자매는 서로를 도와주고 함께 세상에 맞서는 인물로 꿈에 등장한다. 클로데트에게 언니는 유일하게 의지할 만한 사람으로서 그녀의 꿈은 언니가 다치는 것에 대한 극도의 불안을 나타낸다. 아울러 마지막 꿈에서 그들은 함께 생명을 위협하는 악마를 이기지만 문제를 해결하기 위해서 무척이나 애를 써야 했다. 융학파의 방식으로 말하자면, 그들은 감정의 어두운 부분을 통해 해결방안을 찾는 것이다. 사실 머리를 써서 결론을 도출하는 것은 클로데트에게 유용한 방법이 아니다(꿈에서 다락방은 주로 이렇게 머리로 골똘히 생각하는 것을 상징한다.). 왜냐하면 감정적으로 대처하는 것이 생존을 위한 본능이자 그런 본능적인 감정이 곧 추동력이 되기 때문이다.

수면 연구가 루이스 아메스Louise Ames는 이런 적극적인 행동은 클로데트의 연령에서 일반적이지 않다고 설명한다. 어릴 때부터 무서운 꿈을 꾸었더라도 일곱 살 이전의 아이가 반격을 시작하는 것은 드문 일이다. 그리고 이 시기의 아동들은 행동을 그저 받아들이는 것이 아니라 적극적인 중심인물이 되기 시작하는데, 즉 수동적인 자세에서 적극적인 자세로 꿈에 등장하게 된다. 게다가 두려움은 별개의 차원에서 일어나는데 일곱 살 정도가 되면 아이는 자기 자신에 대해 두려워하기 시작한다. 유아기 때는 엄마와 떨어지는 것을 걱정하는 데 반해, 일곱 살의 두려움과 걱정은 자기 자신에 대한 실제적인 두려움이다. 이 시기는 아이가 자기감을 통합하고 자연스럽게 생존에 관하여 걱정하는 시기이기 때문에 자기 자신에 대한 두려움은 사실 그리 놀랄 만한 일은 아니다. 일곱 살 니콜라스는 이를 '진짜 악몽' 이라고 불렀다.

"엄마처럼 보이는 어떤 아줌마가 나오는 꿈을 꾸었는데, 그 여자는 나를 죽이려고 했어요. 뿐만 아니라 자기가 진짜 엄마라고 저를 속이고 어느 날 학교로 저를 데리러 온 거예요. 그런데 도버 스트리트를 걷다가 진짜 엄마를 만났고 그 둘은 저를 사이에 두고 서로 자기 아들이라며 싸우기 시작했어요. 그리고 나서 그 여자가 칼을 꺼내 우리 엄마를 죽이고 돌아서서 저를 죽이려는 순간, 꿈에서 깨어났어요. 그런데 누가 진짜 우리 엄마였는지는 잘 모르겠어요."

5~12세 사이에 아이들은 한 번쯤 견디기 힘든 악몽을 꾼다. 악몽은 부모와 아이 모두 지치게 만들고, 아이들은 악몽이 자극한 감정은 수일 동안 계속 사라지지 않기도 하다는 것을 알게 된다. 열 살의 엠마는 이에 대한 적절한 예를 보여 준다.

"한번은 제가 아팠을 때 언니가 드라큘라가 된 꿈을 꾼 적이 있어서 몇 주 동안 언니랑 같은 방에서 안 자겠다고 했어요. 언니는 뾰로통해져서 저를 마구 놀렸어요."

 변화의 시기: 10~13세

이 시기의 신체적 특성과 호르몬의 급속한 변화는 불안함을 드러내는 수많은 꿈을 초래한다. 그 꿈들은 건강, 학교, 개인적 손해, 가족 및 대인관계의 문제를 돌아가면서 다루고, 아이들이 키워 나가는 독립심을 반영한다. 아이들은 전쟁, 재앙, 환경에 대해 걱정하기도 한다.

초기 아동기에는 학교에 대한 꿈을 꾸는 게 일반적이지 않지만

10~13세의 과도기, 특히 시험 기간의 아이들은 이러한 꿈을 자주 꾼다. 열한 살의 루이즈는 학교에 관한 악몽을 꾼 적이 있다.

"제가 꾸었던 꿈 중에 가장 무서웠던 꿈이 있는데, 꿈속에서 저랑 오빠는 과학 수업을 들으러 가서 자리에 앉았어요. 수업 중에 오빠가 뭔가를 잘못해서 선생님께서 어떤 손잡이를 당기셨어요. 순간 오빠는 올가미 문 아래로 떨어졌고 거기에는 굵은 칼이 솟아 있어서 그 칼이 오빠의 배를 뚫고 나왔어요."

루이즈는 '전학생'이 상급생에게 겁을 먹고 놀림을 당해 공포에 질린다는 거짓과 진실이 뒤섞인 꿈의 주인공이었다. 사실 루이즈는 지금 다니기 시작한 이 작은 학교를 그만두려는 것은 아니다. 그렇지만 이 새로운 학교에 대해 확신이 필요하였다. 따라서 불안에 대해 솔직하게 이야기할 수 있게 해 주는 것이 루이즈에게는 도움이 될 것이다.

이 시기의 많은 아이들은 또한 열한 살의 나즈린처럼 홀로 덩그러니 남겨지는 꿈을 꾼다.

"저는 폭우로 오빠가 익사하는 꿈을 꾸었어요. 오빠한테 절대로 물에서 놀지 말라고 말했는데 오빠가 제 말을 듣지 않았거든요. 그러고 나서 우리 가족이 모두 인도로 가기 위해 런던 공항을 가고 있는 꿈도 꾸었어요. 그런데 제가 꾸물거리다가 그만 길을 잃어버렸어요."

열한 살의 로잘린 역시 자신이 꾸었던 꿈 중에서 가장 무서운 꿈을 다음과 같이 묘사하였다.

"집으로 가는 꿈을 꾸었는데 오빠한테서 도망가는 거였어요. 집에 다 왔지만 우리 가족이 저를 모른다고 해서 전 아무 데도 가지 못하고 주위만 계속 뱅뱅 돌았어요. 그러다 친구 집에 갔는데 친구도 저를 모르는 사람이라며 제 눈앞에서 문을 쾅 닫아 버렸어요."

나즈린과 로잘린은 어른 역할을 성실히 수행하지 못한 대가로 오빠나 가족에게 버림받는 상실을 경험한다. 다른 사람들에게 충분히 마음을 쓰지 못했다는 죄책감은 여자아이들에게서 자주 발견된다.

모두가 죽고 혼자 남겨지는 꿈은 사춘기 즈음에 나타나는 전형적인 꿈이다. 자동차 사고로 가족 모두가 사망하는 것과 같이 비극적인 사건이 닥쳐 가족들이 떠나는 상황에서 아이들은 홀로 남겨져 혼자 힘으로 살아간다. 꿈을 꾸는 아이들 자신이 공격하는 역할로 등장하는 꿈은 거의 없다. 열두 살 데니스의 사례를 제외하면, 대개는 꿈을 꾸는 아이 자신이 표적이 된다.

"제가 꾼 가장 무서운 꿈은…… 그게, 한번은 울면서 일어난 적이 있어요. 꿈에서 제가 살인범이었는데 우리 가족 모두를 제가 죽였어요."

데니스는 꿈속에서 자신의 격렬한 살인으로 충격을 받았다. 동물을 너무나 좋아하는 열한 살의 클레어는 몸이 아플 때 꿈을 꾸었는데, 자신이 죽어 '엄마와 아빠, 애완견을 결코 다시는 볼 수 없게 되는 꿈'이었다. 클레어는 이 밖에 다른 꿈도 꾸었다.

"꿈에서 어떤 요정들을 만났는데 걔네들은 못된 애들이었어요. 그렇지만 저는 그 사실을 몰랐고, 그 요정들이 무척 착하다고 생각했어요. 그러다 제가 길을 잃었는데 그 요정들이 빵과 우유를 주었어요. 근데 거기엔 독이 들어 있었어요. 요정들은 저를 에워싸고 빙빙 돌면서 '죽었다, 죽었다, 여자애가 죽었다.'라고 했어요."

대체로 아이들은 다치거나 낫지 않는 아픔에 대하여 무척이나 두려워한다.

"제가 학교에서 납치되었다가 죽는 꿈을 꾸었어요."

―빅토리아(10)

"뱀들이 침대 위로 기어 올라와 저를 죽이려고 하는 무시무시한 꿈을 꾸었어요."

―헬렌(13)

🌀 가족의 역동

아이들에게 가족은 따뜻함과 사랑을 줄 수도 있지만, 잔인하고 상처 주는 이중적인 존재다. 또한 이런 속성들을 모두 갖추고 있어서 아이가 세상으로 나아가는 데 자기가치감과 자신감을 갖게 하는 '괜찮은' 혹은 '딱 적당한' 곳일 수도 있다. 이처럼 아이들에게 가족은 우리가 누구인지에 대한 인식을 갖게 해 주는 출발선이다.

한부모가족이든 확대가족이든 아이를 안전하게 보호하는 가족이 갖는 집단의 중요성은 결정적이다. 가족 역동에 관한 아이의 인식이 꿈과 어떻게 소통하는지 다음의 꿈을 통해 살펴볼 수 있다.

"……그 사람들이 악당이 되어 저를 잡으려고 했어요. 저는 너무 무서웠어요. 저만 빼고 우리 식구들이 모두 악당으로 변해 버렸어요."

　　　　　　　　　　　　　　　　　　　　　　　-지오르지오(5)

지오르지오는 부모에게 심통이 난 후에 그 꿈을 꾸었다. 아이는 꿈속에서 부모가 악당이 되고 자신이 착한 편이 됨으로써 부모의 잘못을 알게 된다. 최근 부모가 이혼한 일곱 살의 밥은 한 익명의 교수가 아빠가 기다리고 있는 중국으로 자신을 데려갈 우주선을 만드는 소망 충족의 꿈을 꾸었다. 부모나 양육자가 이혼을 한 아이들의 꿈에는 부모의 부재가 자주 등장한다.

　어린 남동생이 있는 일곱 살의 산드라 역시 악몽을 꾸고 눈물을
터뜨렸다.

　"아기 괴물이 자기 성으로 우리 아기를 데리고 갔어요. 엄마 괴
　물이 나타나 우리 아기를 데려가 버려서 다시는 아기를 볼 수 없
　었어요."

　산드라의 경우처럼 어린아이들은 자신의 남동생이나 여동생을
'우리 아기'라고 부른다. 어린 동생에 대한 소유감, 애정, 책임감은
뒤섞이고 이로 인한 두려움은 꿈의 세계에서 표면으로 떠오른다.

　8~10세의 아이들은 꿈에 대해 말하는 것을 좋아하고, 만약 꿈
을 꾸는 도중에 깨게 되면 다시 꿈으로 돌아가 꿈을 마저 꾸려고 한
다. 이 시기의 아이들은 아빠보다 엄마에게 꿈 이야기를 더 많이 하
지만, 13세쯤 되면 자신의 말벗으로 친구들을 선택한다. 친구들과
가족이 여전히 꿈의 중요한 인물로 나오지만 대개 꿈을 꾸는 사람이
꿈속에서 주인공이 된다. 여덟 살 아미르는 영어를 훌륭하게 구사하
고 축구를 능숙하게 잘하는 꿈을 꾼다. 다시 말해, 이 아이는 인생에
서 이런 것들을 잘 해낸다면 학교에서 다른 아이들이 자신을 인정해
줄 것이라고 믿는다. 아미르의 꿈이 제시하는 바와 같이 아이들은
계속 소망 충족의 꿈을 꾸는데 이런 꿈들은 사회적 목적에 더욱 부
합하는 경향을 보인다.

"저는 요정들과 파티하는 꿈을 꿔요. 걔들은 공중을 오르락내리락 날아다녀요. 요정 중의 여왕은 늘 여왕 자리에만 앉아 있고 와인만 마셔요!"

-클레어(11)

여덟 살 앨리시아도 왕자, 왕, 왕비가 나오는 요정 꿈을 꾸면서 즐거워하였다. 사실, 앨리시아는 악몽을 꾸지만 기억해 낼 수 없다는 것이 꽤 이상하였다. 이러한 낙천적인 생각은 그 아이가 꿈을 꾸도록 하기 위한 힘이 되는 것 같다. 앨리시아는 "우리는 사람들을 사랑하고 착하게 만들려고 꿈을 꾸어요."라고 말하였다. 다른 꿈에서 아이들은 어른들을 믿는 마음이 반영되어 부모나 절친한 친척들이 위험에 빠진 자신을 구하는 것을 보았다고 말하기도 한다.

또한 이 시기의 아이들은 자신이 생각하기에도 '바보' 같거나 어른들이 거절할지도 모르는 골치 아픈 꿈의 중요한 일부분을 생략하기도 한다. 우리들은 타인이 자신을 좋게 봐 주기를 기대하기 때문에 꿈의 검열 작업은 매우 흔한 일이다. 성 아우구스티누스St Augustine조차도 '음란한' 본성으로 인해 자신의 꿈을 선배들에게 말하기를 거부하였다. 따라서 꿈에는 옳고 그름이 없고, 꿈 때문에 혼나지 않는다는 것을 아이들이 이해할 수 있게 인식시켜 주는 것이 중요하다.

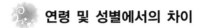

연령 및 성별에서의 차이

아동의 연령과 성별에 따라서 꿈은 상이하다. 이에 대해 1977년 데이비드 폴크스David Foulkes는 종단연구를 통해 학령전기에는 남자아이와 여자아이의 꿈이 별반 다르지 않으며, 주로 동물과 괴물이 공통 주제임을 알아냈다. 그러나 5~6세 아이들의 꿈 내용에서는 뚜렷한 성차가 나타났다. 그 당시 폴크스는 남자아이의 꿈에서는 낯선 남자나 야생동물들과 빚어지는 갈등이 주요하게 다뤄지는 반면, 여자아이의 경우에는 보다 친근한 인간관계에 관한 꿈을 꾸는 경향이 있다고 밝혔다. 해가 지나면서 꿈에서 나타나는 공통점과 차이점은 계속 밝혀지고 있다. 이것은 남자아이와 여자아이가 세상을 경험하고 바라보는 방식에 차이가 있음을 나타낸다.

일반적으로 8~11세 연령의 여자아이는 남자아이에 비해 언어성이 뛰어나기 때문에 꿈에 대해 보다 자세히 이야기하는데, 이때 여자아이의 꿈은 가족이나 또래와의 관계에 대한 중요성을 반영한다. 미국 심리학자 샤론 세일린Sharon Saline의 「8~11세 아이들의 가장 최근의 꿈The most recent dreams of children ages 8~11」에 관한 1999년 보고서에 따르면, "……여자아이의 경우 다툼으로 인간관계에 위기를 초래하기보다 스스로가 침묵하는 경향이 있다."라고 지적하였다.

형제간 경쟁

형제간 경쟁은 함께 한집에 사는 것을 힘들게 만들기도 하지만 지극히 정상적인 일이다. 형제간 경쟁에는 긍정적인 면도 있다. 많은 심리학자는 이러한 경쟁이 아이들에게 절충과 생존을 포함하는 대인관계 기술을 가르친다고 주장한다. 아이들은 가족 안에서 이러한 부분을 배우고 학교나 직장과 같은 외부환경에서 이를 적용하게 된다.

친밀한 관계에서는 격한 감정이 조절되지 않을 때가 있는데, 이는 말다툼이나 싸움을 일으키기도 한다. 실제로 형제에 대해 지니고 있는 걱정이 겉으로 드러나든 드러나지 않든 간에 꿈에서는 이런 걱정이 표출되곤 한다. 아이들이 현재 경험하는 걱정은 과거의 경험, 특히 과거의 상처와 맞물려 꿈이라는 하나의 이야기로 만들어진다. 많은 사례에서 형제에 대한 부정적인 감정은 그대로 표출되기보다 숨겨진 채 드러난다. 기드온의 경우를 살펴보면 보다 자세히 알 수 있다.

"꿈에서 우리 집이 폭발했는데 우리는 집 근처로 도망을 가서 숨었어요. 그때 많은 군인들이 집으로 들어와서 우리를 찾았어요. 그런데 그 순간 우리가 큰형을 집에 두고 왔다는 사실을 뒤늦게 알았고 그때야 저는 꿈에서 깼어요."

ㅡ기드온(10)

이를 통해 기드온의 마음 한편에는 형이 사라지기를 바라는 마음이 있음을 알 수 있다. 그러나 가족과 사회의 압력은 이러한 소원을 말하지 못하게 한다. 이와 비슷한 사례를 가진 여덟 살의 시너드도 자신이 싫다고 말해 왔던 오빠가 군대에 가서 폭탄이 터져 죽었다는 소식을 듣자 해방된 기분을 느끼는 꿈을 꾸었다. 시너드의 다른 꿈에서 오빠는 개로 변하였다. 누구도 예뻐하지 않는 떠돌이 개로 말이다!

> "꿈에서 오빠는 '프시케'였는데 엄마랑 아빠가 외출하셨을 때 저를 죽이려고 했어요."
>
> —애니(10)

또한 열두 살 다운의 경우처럼, 오빠들과 헤어지길 간절히 바라는 꿈을 꾸기도 한다. 다운은 엄마, 아빠, 오빠 둘과 사는데 오빠들이 이사를 가 난생처음 자기 방이 생기자 그 방에서 혼자 '평화롭게 지내는' 꿈을 꾸었다. 다운은 이 꿈을 가장 행복한 꿈이라고 설명하였다!

 꿈의 공통주제

열두 살 리사의 경우처럼 불안에 관한 가장 흔한 꿈은 이가 차례로 빠지는 꿈이다. 친구들이나 친척들과 '헤어지는' 상황이나 분리에 대한 불안은 흔히 이런 유형의 꿈을 꾸도록 자극한다.

　그리고 추락하는 꿈도 모든 연령대에서 등장하는데 주로 통제되지 않거나 표출되어야 할 감정을 나타낸다. 어떤 아이들은 떨어지는 꿈에서 땅바닥까지 떨어졌다면 실제로도 땅에 부딪혀 죽을 수 있다고 믿기도 한다. 따라서 아이들에게 현실에서는 이런 일이 일어나지 않는다고 이해시키는 일이 중요하다. 열세 살의 시리는 자신은 떨어지지 않고 입고 있었던 옷만 떨어지는 꿈을 꾼 적이 있다.

　　"꿈에서 늦잠을 자고 일어나 옷 입을 시간이 없어서 알몸으로 나갔어요. 왜냐하면 제가 옷을 입으려고 할 때마다 옷이 계속 날아갔기 때문이에요."

　　"꿈에서 저는 낭떠러지에서 떨어지자마자 칠흑 같은 암흑 속에 빠졌어요. 바닥에는 뱀들이 우글거렸고 저는 빠져나가려고 애를 썼죠."

　　　　　　　　　　　　　　　　　　　　　　　　　－에밀(13)

　베스트셀러 저자인 주디 블룸Judy Blume이 『주디에게 온 편지: 아이들이 당신에게 말할 수 있는 소원은 무엇인가Letters to Judy: What Kids Wish They Could Tell You』에서 설명한 바와 같이, 아이들은 성이 금기된 주제라는 것을 알고 있다. 아이들은 성에 대한 이야기가 나오면 부모님이 난처해하는 것을 감지한다. 다음의 사례들은 아이들의 꿈에서 나타나는 성적인 측면을 살펴볼 수 있다.

여섯 살의 레일라는 '애착'을 갖는 그런 대상을 가질 기회가 없다.

"꿈속에서 저는 한참을 운동장에서 신나게 놀고 있는데 어떤 남자애가 다가오더니 제게 뽀뽀를 하는 거예요. 근데 기분이 좋지는 않았어요."

열한 살의 마이클은 귀신, 우주, 영웅에 관한 꿈도 꾸지만 '음란하게' 비쳐질 수 있는 꿈도 꾼다.

"한번은 야한 꿈을 꾼 적이 있는데 꿈속에서 여자 친구가 생겼어요. 클럽에서 여자 친구랑 관계를 갖고 또 저만의 장소에서 관계를 갖고……" [더 자세히 설명하지 않음!]

아홉 살의 클레어도 다음과 같이 말하였다.

"꿈에서 로비 윌리엄스가 저에게 다가와 뽀뽀를 하고 어디론가 저를 데리고 가려고 했어요. 제가 그를 따라 나갔는데 우린 정말 멋진 시간을 보냈어요."

여자아이들이 보고한 많은 꿈은 장밋빛 로맨스로 가득 차 있다.

책이나 TV, 영화에서 영감을 얻은 것인지 여하간에 그 장밋빛 환상
은 계속된다. 열세 살의 레나타는 조금 색다른 꿈을 꾸었다.

　"신혼여행의 첫날밤을 꿈으로 꾼 적이 있어요. 제가 신랑이었는
　데 노란색 벽지로 둘러싸인 분홍빛 침대에서 잠을 자고 있었어요.
　근데 저는 '그것'을 할 짬이 나지 않았어요."

　다음 장에서는 아이들과 '꿈 세계'를 공유할 수 있는 방법을 모
색하게 될 것이다.

귀신과 여자아이

꿈의 공유: 실제 지침

> 무서운 꿈일지라도 아이들은…… 꿈꾸는 것을 즐겁게 여긴다.
> 그리고 꿈을 이야기하고 기록하는 것도 아이들에게는 분명 즐거운
> 일이다.
>
> —찰스 키민스Charles Kimmins, 『아이들의 꿈Children's Dreams』

아이들은 자신이 믿는 사람이거나 경청해 주는 사람에게 꿈을
즐겁게 이야기한다. 그리고 자신의 꿈의 세계로 인해 깜짝 놀랐을
때 다른 사람들로부터 안심을 얻어 내 본인이 이상한 사람이 아니라
는 것을 확인받고 싶어 한다. 다시 말해, 아이들은 꿈을 공유함으로
써 안도할 수 있고 꿈을 교류하면서 자신의 걱정거리를 이야기하고
넘치는 창의력을 마음껏 발산할 기회를 부여받는다.

꿈의 이해를 고무시키는 한 가지 방법은 꿈을 다루는 집단상담을 시작하는 것이다. 개인지도를 실시하는 기숙사, 병원, 학교와 같은 환경에서 아이들과 작업하는 사람들은 아이들이 '동아리'와 같은 모임을 통해 또래와 공유하면서 상당한 통찰력을 얻는다는 것을 이미 알고 있다. 뿐만 아니라 집단에서 활동하면서 아이들은 꿈을 진지하고 민감하게 다루기 때문에, 어느 연령대의 아이들에게나 꿈을 함께 공유하는 것은 유익한 일이다.

실질적으로 꿈을 다루는 집단상담에 포함할 내용은 다음과 같다.

- 의사소통하기
- 탐색하기
- 공감하기
- 상상하기
- 동일시하기
- 존중하기
- 공유하기

꿈에 관한 집단상담 시작하기

꿈은 도덕적 규범의 구속을 받지 않는다. 이는 마치 도덕적 규범이나 사회적 맥락에 의해 변형되지 않는 것처럼 걸러지지 않는 생각과 느낌의 표현이다. 이런 꿈의 속성은 절대 간과해서는 안 된다. 이를 소홀히 여길 경우, 우리는 아이들이 이야기하는 꿈에 대해 쉽게 평가하게 된다. 또한 아이들은 어른들의 부정적인 판단을 듣게 되면 죄책감이 생겨서 말하기를 매우 꺼려할 것이다. 이는 어른들이 어떤 말을 할지 아이들이 미리 걱정을 하기 때문이다. 그래서 결국 아이들은 꿈에 대해 말하지 않게 된다. 그렇다면, 이런 점을 고려하여 아이들이 꿈에 대해 말할 수 있는 집단 활동을 시작하기 위해서 당신은 무엇을 해야 하는가?

집단의 목표에 대해 생각하기

우선 자신의 꿈을 이해하면서 꿈을 공유하는 것은 물론 자기 자신을 분명히 이해하도록 기회를 제공하는 것을 기본목표로 삼아야 한다. 그러나 당신이 우울증을 앓고 있는 아이들과 같이 특정 집단을 대상으로 한다면 또 다른 목표를 고려하여야 한다. 예를 들어, 꿈 속의 두려움에 직면하기, 꿈에서 자신을 힘껏 '도와주는 사람'을 찾아보기, 깨어 있는 시간 동안 억압하고 억제해 왔던 꿈의 정서적 측면을 탐색할 만한 기회를 갖기가 이러한 집단의 목표가 될 수 있다. 또한 당신이 집단을 왜 구성하고 있는지 성취하고 싶은 것이 무엇인지를 고려하는 데 시간을 투자하는 것도 매우 가치 있는 일이 될 것이다. 즉, 이러한 과정을 통하여 모든 단계는 보다 쉽고 분명하게 이루어진다.

어떻게 집단을 구성할 것인가

집단은 비슷한 연령의 아이들로 구성할 수도 있고, 가족이 집단이라면 다양한 연령대로 분포될 수도 있다. 여기서 기억해야 할 주요 사항은 아이의 연령에 따라 어떤 꿈이 적합하고 어떤 부분이 중요한 점인지 각각 다르다는 것이다. 청소년은 왜 몽정을 하는지 이야기하고 싶어 하는 반면, 여섯 살 아이들은 괴물이 등장하는 꿈에 시달리고 있을지 모른다. 가령 이들이 한 집단이 된다면 결국 다른 사람으로 인하여 개개인은 말을 꺼낼 수 없게 될 것이다. 따라서 아이의 언어능력과 이해수준의 차이도 반드시 고려해야 할 요소다. 그러나 이것은 모국어가 동일한지의 여부를 의미하는 것이 아니라 아이들이 생각을 서로 나누고 집단 내 다른 구성원이 어떻게 받아들일지를 이해하는 것에 관해서다.

가장 알맞은 집단의 크기

집단구성원 전원의 꿈을 심층적으로 다루려면, 7~8명 정도의 소수집단이 적절하다. 물론 한 반의 전체를 대상으로 집단을 설정할 수도 있지만, 그럴 경우 소수집단에서만큼 깊이 있게 꿈에 대해 다룰 수 없을 것이다. 대집단에서의 진행자/지지자로서 당신은 한 회기 동안 거론되는 광범위한 문제를 모두 다루기에는 시간이 부족할 수 있다. 당신이 대집단으로 작업해야 한다면 아이들을 소수집단으로 나누거나 짝을 이루어 말할 기회를 주어야 한다. 또 아이들이 자신의 꿈을 이해하지 못하거나 집단 활동에서 드러내기를 꺼려한다면 그들이 당신과 이야기하고 싶어 한다는 것을 기억해 두어야 한다.

날짜 결정하기

분명한 것은 시간이 집단구성원에게 적절해야 한다는 점이다. 어린아이들에게 늦은 시간은 신체적으로 쉽게 피로해지는 때이므로 꿈을 공유하기에는 적절한 시간이 아니다. 따라서 집단구성원 모두가 항상 가능한 시간을 정하도록 한다. 그중에는 아파서 결석하는 경우도 생길 수 있지만 집단구성원들의 꾸준한 참여가 중요하다는 것을 다시 한 번 강조해야 한다. 그렇지 않으면 집단이 결속되기 어려워 몇몇 집단원은 응집력을 느끼지 못하기도 한다.

당신은 집단을 몇 회기로 구성할 것인지 계획해야 한다. 회기 제한 없이 계속 집단을 진행할 것인가? 아니면 10주와 같은 회기를 미리 정해 놓을 것인가? 현실적으로 당신이 할애할 수 있는 시간을 고려해야 한다. 당신이 아이들과 시간 제한을 설정하는 것은 유용하지만 언제든 종료회기 때 다시 정할 수도 있다. 이로써, 당신은 그동안 집단을 어떻게 진행해 왔는지와 기존 집단원이 그만둘 경우 새로운 구성원을 어떻게 모집할지에 대해 검토할 수 있는 기회를 갖게 된다.

아동 대상의 한 회기는 2시간이 적당하며 이를 넘어서면 아이들이 지칠 수 있다. 아동보다 더 어린 집단을 대상으로 할 경우 더 짧게 진행하되 그림 그리기와 같이 다른 활동도 포함할 수 있다. 물론 여기서도 참여대상의 아이들에 대해 반드시 숙지해야 할 것이다. 꿈에 관한 활동은 정서적 자기에 대한 작업이다. 게다가 이 활동은 쉽게 지칠 수 있으므로 참여대상의 피로에 민감할 필요가 있다.

장소 결정하기

정해진 장소에는 편안한 의자들이 원 모양으로 배치되어야 한다. 사적인 측면이 보호되는, 즉 외부의 방해나 시선으로부터 자유로운 곳이어야 한다. 또 꿈을 그리는 활동을 할 수 있도록 책상, 종이, 색연필이나 연필이 준비되어 있으면 유용하다.

분명한 경계 설정하기

분명한 경계를 설정하는 것은 중요하다. 첫 번째는 당신을 위한 것으로, 분명한 경계 설정은 당신이 주제를 보다 능숙하고 편안하게 다룰 수 있도록 도와주기 때문이다. 두 번째로 아이들에게는 안정감을 주기 때문에 분명하게 경계를 설정하는 것이 바람직하다. 따라서 학교에서 집단상담을 진행할 경우 아이들은 편안하지 않은 분위기에서도 학교 선생님에게 자신이 꾼 꿈에 대해 말하는 것이 괜찮음을 미리 알 필요가 있다. 그리고 분명한 경계 설정과 함께 비밀유지는 집단을 처음 시작할 때 다루어져야 한다.

비밀유지

비밀유지에 대한 합의는 집단이 시작하는 첫날에 다루어져야 한다. 꿈의 세부내용이나 집단에서 다룰 내용은 비밀로 유지되어야 하며 아이들이 이런 사항을 생각하도록 시간을 주어야 한다. 어떤 집단원은 유독 집단에서 개인정보가 비밀로 보장되어야만 말할 수 있다고 할 수도 있다. 당신이 비밀유지에 대해 조율하려는 것이 무엇이든지 간에 꿈은 이전에 드러나지 않은 내용을 감정적으로 이끌어낸다는 사실을 명심해야 한다. 게다가 이처럼 예민한 집단에서는 철저하게 상대방을 신뢰하는 분위기가 절대적이다. 따라서 당신은 학대 신고와 같은 아동보호강령을 숙지하는 것은 물론이거니와 아동에게 최대한 관심을 갖는 것을 재차 확인시켜 주는 지침서를 명확히 이해해야 한다. 그러므로 학교나 기숙사와 같은 환경에서 집단을 진행할 경우 비밀유지를 고려하는 강령 및 지침을 미리 알아 두어야 한다.

기본규칙 세우기

아이들에게 이런 집단 상황을 경험하도록 하는 것은 무척 유익한 일이다. 집단모임의 첫날 개개인이 좋은 시간을 보내고 다른 아이들과 이야기를 나누면서 서로 어울려 즐길 수 있는 분위기가 형성되면, 아이들에게 이 모임에서 어떤 역할을 할 수 있을지에 대해 물어보아야 한다. 아이들이 자유롭게 이야기할 수 있도록 촉진하면서 하고 싶은 말이 있으면 누구나 쉽게 말할 수 있도록 기회를 주어야 한다. 집단 역동의 흐름을 이해하고 존중하라. 나의 경우 다음과 같은 기본규칙이 유용하였다.

- 누군가 말을 하면 반드시 경청하기
- 꿈을 말하는 사람이 어떤 감정일지 생각해 보고 놀리거나 기분 상하게 하지 않기
- 서로에게 도움을 줄 수 있는 생각을 공유하기
- 솔직하기
- 함께하기
- 친구의 꿈을 탐색하기 위해 '그 꿈의 의미는……' 이라는 표현보다 '만약 그게 나의 꿈이라면……' 이라는 표현으로 시작하도록 하기

좋은 환경과 분위기 만들기

꿈을 다루는 집단은 따뜻하고, 편안하고, 다정하고, 지지적이고, 긍정적인 느낌을 주어야 한다. 아이들은 집단의 일원으로 존중받을 때 자신감이 생기고 즐거움을 느끼는 곳에서 성장하게 된다. 성공적인 집단은 그 누구도 자신이 이용당한다고 느끼지 않으며, 인종을 뛰어넘어 모두가 자신의 목소리를 낼 수 있는 곳이다.

"저를 비웃을까 봐 아무한테도 꿈 이야기를 하지 않아요."

−잭(9)

누구나 참여할 수 있다

꿈에 대한 옳고 그른 해석은 없다. 각각의 꿈이 의미하는 바를 정확하게 말할 수 있는 해답지도 없다. 꿈은 꿈을 꾼 사람의 것이고 꿈을 이야기하면서 그 당사자는 꿈의 의미를 이해하게 된다. 따라서 꿈을 꾼 사람이 꿈의 의미를 되짚어 볼 수 있게 하려면, 꿈에 대해 서로 의견을 나누기 전에 이때는 어떤 의견도 옳기 때문에 모두 토론에 참여해 서로의 이야기를 들어 주고 격려해 주어야 한다.

또 여기서는 순서를 정해서 자기 꿈을 표현할 수 있다. 말로 표현할 수도 있고 그림을 그릴 수도 있다. 부끄러움을 많이 타는 아이들은 이야기로 풀어 설명하기보다 그림을 그려 표현하게 할 수 있다. 따라서 아이가 지닌 자신감 수준에 민감해져야 한다. 그리고 집단 활동에서 자신감이 없는 아이들은 충분히 북돋워 주고 지지해 주어야 한다.

집단에 대한 창조적인 접근방법 찾기

집단은 역동적인 유기체로 유동적이며 늘상 변하기 마련이다. 따라서 집단에 가장 알맞은 접근방법을 찾아야 한다. 한 예로, 어떤 집단은 그 주에 꾼 꿈에 대해 모두가 이야기하는 시간을 가지며 순조롭게 진행되기도 한다. 이렇게 하여 개개인은 각각의 모임에서 어느 정도 자기가 이야기하는 시간을 갖게 된다. 그러나 이 방법이 모두에게 효과적인 것은 아니다.

또 다른 방법은 한 집단원의 꿈을 깊게 다루는 것이다. 이 방법은 누군가가 유독 좋지 않은 꿈을 꾸었거나 꿈의 의미를 알고 싶어 할 때 유용할 수 있다.

세 번째 방법은 꿈을 보다 구조화하여 주제별로 접근하는 것이다. 당신은 각각의 회기에 어떠한 꿈을 어떻게 다룰지 사전에 계획해야 한다. 그리고 당신은 동물이 등장하는 꿈, 괴물이 나오는 꿈, 악몽, 문제가 해결되는 꿈, 기타 등등의 꿈과 관련된 프로그램을 고안할 수 있다. 각각의 경우에 따라 아이들이 적절한 매체를 통해 자신의 꿈을 기록할 수 있도록 격려해야 한다. 이때 그림, 그림엽서, 예술 작품에서 삽화를 찾아보는 것도 도움이 된다.

꿈 일기

아이들이 자신의 꿈을 기록하는 특별한 노트를 갖도록 해 준다. 이 노트에는 꿈의 한 장면을 그림으로 그려서 날짜를 기재해야 한다. 시간이 가면서 꿈의 메시지가 점점 분명해지는 어떤 패턴이 나타날 수도 있다.

마지막 회기 때는 꿈 일기의 페이지를 거꾸로 넘기면서 어떻게 아이가 성장해 왔는지 '되돌아보는 것'도 좋다. 성장과정을 되짚어 보는 것뿐만 아니라 이만큼 성장한 것을 격려하는 것도 아이들 모두에게 긍정적인 경험이 된다.

촉진자의 역할

나는 '리더'라는 말보다 '진행자facilitator'라는 말을 선호하는데, 보통 리더는 훨씬 더 지시적인 역할을 강조하는 반면, 진행자는 진행과정을 돕는 역할을 강조하기 때문이다. 꿈을 다루는 활동 중에 흥미로운 점은 꿈이 우리를 어디로 이끄는지 도무지 알지 못한다는 것과 꿈을 탐험하는 동안 통찰이 어느 누구에게서 나타날지 모른다는 데 있다.

진행자로서 당신의 역할은 환경을 제공하고 집단을 구성하는 것이며, 이는 마치 음악에서 지휘자의 역할과도 같다. 지휘자는 각기 다른 꿈을 연주하는 구성원들에게 자신의 꿈을 가장 잘 이해할 수 있도록 연주자들을 지지해 주는 역할을 한다. 그렇다면 꿈을 꾸는 사람은 작곡자인 셈이다. 궁극적으로 우리가 함께 작업한 자신의 창조물인 꿈에 대하여 만족스러운 작품을 만들어 내는 것은 작곡자다. 집단의 모든 구성원이 집단의 과정과 결과에 참여하고 배우고 즐길 수 있는 기회를 갖는다. 따라서 꿈에 조심스럽게 다가가 보자. 우리는 꿈을 이야기할 때 마음속 깊은 곳에 숨어 있는 자신을 드러내기도 하니까.

아이들의 꿈을 다루기 위한 실제 지침

당신은 자녀가 악몽을 꾸고 나면 어떻게 달래 주는가? 꿈속의 귀신은 어떻게 잠재울 것인가? 당신이 나쁜 꿈을 꾸는 자녀를 둔 애정 어린 부모든 혹은 간호사, 교사, 보모처럼 아이들과 관련된 일을 하는 사람이든지 간에 어떻게든 도와주고 싶어질 때가 있다. 이 지침은 꿈과 악몽을 다룰 때 당신에게 도움이 될 만한 몇 가지 간단한 기법을 알려 준다. 이 기법을 적용해 보고 꿈과 관련된 문제가 호전되지 않으면 전문가의 도움을 강구해야 한다.

- 온정이 있고 수용적이며 무비판적인 분위기를 조성하라. '옳거나 그른' 꿈은 없다. 따라서 아이들이 어떤 꿈을 꾸었든지 자신의 꿈을 어떻게 생각하든지 나쁘거나 바보 같다거나 무섭다는 표현은 삼가하도록 한다.
- 비밀유지에 대한 아이들의 욕구를 존중하라. 이때 아이가 자신의 꿈을 다른 사람에게 이야기하기로 결정할 수도 있다. 그래도 아이의 허락 없이 당신이 다른 사람에게 아이의 꿈을 언급하여 아이가 당신에게 가지고 있는 신뢰를 허물게 해서는 안 된다.
- 아이가 이야기하는 내용을 주의 깊게 듣고 꿈을 탐색할 수 있도록 격려하는 개방형 질문의 문장을 사용하라. 예컨대, "그

꿈에서 네 기분은 어땠어?" "뭔가가 널 쫓아올 때 누가 너를 도와주었어?" "네가 갔던 요정나라에서 무엇이 가장 좋았어?"와 같은 문장을 사용해 보라. 당신은 집중하여 경청함으로써 아이가 이야기하는 것을 중요하게 여겨 주고 아이의 자기존중감을 높여 주면 아이가 당신을 신뢰하게 된다. 꿈은 꿈에 대해 이야기하는 사람과 듣는 사람 간의 믿음 없이는 다룰 수 없는 작업이다. 즉, 꿈을 나누는 과정에서 이러한 동조는 필수적이다.

• 아이에게 꿈에 대한 감정을 표현할 수 있게 하되 자신만의 속도로 나아갈 수 있게 하라. 아이가 그만두려고 할 때 억지로 꿈을 이야기하도록 강요하지 말아야 한다. 당신은 정신분석가가 아니라 병원이 아닌 곳에서의 지지적인 어른임을 상기하면서 아이의 개인적 자유에 대한 권리를 존중해야 한다. 또한 아이들에게는 치료자가 아닌 어른스러운 친구가 필요하다는 것을 기억해야 한다.

• 아이가 일상생활과 꿈을 연결할 수 있도록 도와주라. 혹시 아이가 불쾌한 꿈을 꾼다면 아이의 일상 속에 걱정거리가 있는 것은 아닌지 차근차근 탐색해야 한다. 아이들은 꿈을 다루는 동안 내면의 정신적 힘을 훨씬 잘 인식할 수 있다. 다음에 나올 칼의 꿈은 이러한 자기인식을 발달시켜 가는 실례를 보여 준다.

• 어떤 아이들은 꿈 이야기를 하면서 그 꿈이 현실로 이뤄진다

고 믿기도 한다. 아이들에게 꿈에 대해 교육하고 꿈을 꾸는 것의 의도를 이해할 수 있게 도와주라.

- 아이가 원하는 적절한 시기에 꿈을 다룰 수 있는 보다 적극적인 방법을 권해 주라.

 −꿈을 그려 보자. 아이가 그린 그림을 관찰하고 이야기해 보자. 아이에게 혹시 바꾸고 싶은 것이 있는지, 그렇다면 어떻게 바꾸고 싶은지 물어보자. 아이가 개를 데려와 함께 있고 싶어 한다면 개를 그릴 수 있게 한다. 성가신 괴물이 없어지길 원한다면 괴물을 다른 색으로 덧칠하여 가리거나 오려 내도록 하게 한다. 이런 활동의 목표는 아이의 스트레스를 긍정적으로 잘 다루도록 하기 위해서다.

 −꿈을 연출해 보자. 아이가 쫓기는 꿈을 꾸었다면 당신의 도움을 받아 아이는 안정감을 느끼면서 꿈을 재연할 수 있다. 간혹 당신은 아이를 쫓는 괴물 역할을 해야 될 때도 있다. 그러나 이러한 방법은 사전에 그 위협을 성공적으로 다루는 방법을 계획하고 나서 시작해야 한다. 이런 상황에서 아이는 괴물과 친구가 될 수도 있다. 혹은 괴물을 없애고 싶어 할 수도 있다. 괴물과 대화를 시도하여 자꾸 괴롭히지 말라고 말할 수도 있다. 이 활동의 목표는 아이가 당신의 지지를 받으면서 위험에 직면하고 그 꿈의 상황을 다루는 방법을 찾을 수 있게 하는 것이다.

아홉 살 칼은 유독 엄마에게 폭발적으로 화를 내면서 떼를 쓴다. 어느 날 밤, 칼이 유난히 공격적으로 떼를 쓰자 엄마는 자라면서 방으로 보내 버렸다. 그날 밤 칼은 악몽을 꾸었다.

"이리저리 살피고 있는 시선이 있었어요. 그리고 악마가 저를 죽였는데 저는 다시 살아났죠. 그러고는 제가 엄마를 죽였어요. 사실 악마가 저를 조정하고 있었거든요."

칼은 연필을 칼처럼 쥐면서 깨어났다. 이는 아이가 깨어 있는 시간 동안 느꼈던 분노와 좌절을 표현하게 하는 하나의 꿈이다. 또한 꿈속에서 자신을 '조정한 것'은 악마이기 때문에, 꽤 각색된 꿈에서의 사건은 칼이 책임을 회피할 수 있게 해 준다. 우리 모두는 우리가 느끼는 격앙된 부정적인 감정을 받아들이기 어렵다는 것을 알고 있고, 칼은 대다수의 어른들이나 아이들과 크게 다를 바가 없다. 칼은 자신의 '좋지 않은' 면을 자신이라고 받아들이지 않는다.

그렇다면, 칼처럼 이런 감정을 겪으면서 자라는 어린아이들을 어떻게 도와줘야 할까? 한 방법은 꿈에 대해서 그리고 자신의 감정에 대해서 이야기하는 것인데, 누구나 좋은 감정과 나쁜 감정을 함께 가지고 있고 그래서 가끔 우리를 실망시키고 상처를 주는 사람들에게 복수하고 싶다는 것을 인식시켜 주어야 한다. 성장한다는 것은 다른 사람을 공격하고 싶은 충동을 자제할 수 있도록 배워 가는 것을 포함한다. 따라서 꿈은 공격대상에게 물리적인 상처를 주지 않고 적대적인 감정을 표현하게 해 준다. 칼은 꿈에서 엄마에게 복수를 하고서도 여전히 엄마가 진짜 다치지는 않았을까 염려하면서 또 엄마가 실제로 다치는 것이 아니라는 안도감을 느끼면서 아침을 시작할 수 있었던 것이다!

이처럼 난폭한 꿈은 특히 가까운 관계에서 갈등이 많을수록 흔히 일어난다. 원인이 무엇이든지 간에 이러한 꿈은 감정을 정화시킬 수 있고 미해결된 스트레스와 불행감을 통해 이야기를 풀어 나가는 출발점으로 작용할 수 있다. 칼은 엄마에게 꿈을 꼭 이야기해야겠다고 생각하였다. 이때 꿈은 함께 살아가는 데 있어서 소통하게 해 주는 하나의 이상적인 매개수단이 될 수 있다. 또 칼은 이런 꿈으로 인하여 자신이 '미쳤거나' 범죄자가 되지 않을 것이라는 확신이 필요하다. 이 아이는 어른이든 아이든 누구나 불안하거나 양심에 가책을 느낄 때 뒤숭숭한 꿈을 꿀 수 있다는 것을 알 필요가 있다.

여덟 살의 마리는 오빠가 머리에 심한 상처로 고통을 겪을 당시 심각한 정신적 충격을 받았다. 이 일은 마리의 꿈에서 줄곧 재연되었는데 무시무시하게도 오빠를 처음 때린 사람이 다름 아닌 아빠라는 꿈을 반복해서 꾸었다. 다른 꿈에서도 마리와 오빠를 질투하는 어떤 아저씨가 자신들을 감금하고 죽이려 하였다. 마리의 가장 행복한 꿈은 '슈퍼걸'로 변신하여 누군가를 구해 주는 것이었다. 이 아이는 다른 사람을 보호하기 위하여 원더우먼처럼 변신하였다. 그러나 정작 누가 이 아이를 보호하고 있겠는가? 이 아이의 꿈은 그 역할을 하는 인물의 부재를 분명히 나타내고 있다. 마리는 모든 꿈이 자신을 괴롭히기 때문에 이 책이 꿈을 잊으려는 아이들을 도울 수 있을 것이라고 기대한다.

이 책은 꿈을 잊고 싶어 하는 아이들이 꿈을 '잊도록' 도와주는 것이 아니라 아이를 키우는 부모나 아이들과 관련된 일을 하는 사람들이 꿈을 통해 마음속 깊은 공포와 불안을 드러낼 수 있게 하는 데 그 목적이 있다. 우리는 아이들을 보호할 책임이 있는 성인으로서 고통과 공포를 겪는 아이들을 도울 수 있다. 그래서 우리는 아이들을 아끼기 때문에 경청할 준비가 되어 있음을 아이들에게 알게 해 주어야 한다.

열 살의 기드온은 크고 묵직한 검은 금속건물에 옴짝달싹할 수 없게 뒤엉켜 있던 꿈이 되풀이되는 것을 떠올렸다. 기드온은 잘 생각해 보더니 그 꿈이 그 당시 자신의 삶을 보여 주는 꿈이라고 말하였다. 이렇게 뭔가에 둘러싸이고 갇히는 비인간적인 상황에 놓인 무력한 모습은 많은 아이의 꿈에서 나타난다. 당신은 아이들의 꿈과 현실을 연결할 수 있도록 돕는 역할을 한다. 당신은 이를 통해 아이가 어디서 함정에 빠졌는지, 그리고 왜 그런 일이 생겼는지 감지할 수 있다. 뿐만 아니라 당신은 아이가 알지 못하는 통로를 비춰 줄 수도 있다.

쾌활하고 외향적인 열두 살의 한나는 자신의 삶에서 대개 일상적인 것들을 꿈으로 꾸었다. 그러나 가끔은 전형적인 '쫓기는' 꿈을 꾸기도 하였다.

"어떤 사람이 저를 뒤쫓고 있었어요. 제가 아무리 빨리 뛰어도 다른 사람들이 저를 추격해 왔고 그래도 저는 절대 잡히지 않았어요."

성장하지 않은 것에서 오는 좌절감이 있기는 하지만 한나는 자신을 쫓는 위협을 피하는 데 성공한다. 이는 건강한 표시이며, 아이들이 그러한 꿈을 이야기할 때는 긍정적인 면을 알려 주어야 한다.

마지막으로, 아이들에게 꿈이 신체에 미치는 영향에 대한 정보가 필요하다. 특히 남자아이들의 경우 밤에 일어나는 사정, 즉 '몽정'에 대하여 알고 있어야 한다. 몽정에 대해 들어 본 적이 없는 남자아이가 몽정을 경험할 경우 쉽게 당황해한다. 꿈과 관련하여 몽정에 대해 말하는 남자아이는 매우 드문데 이는 꿈과 관련이 없다기보다 성적인 것에 대해 느끼는 당혹감을 대처하기 위해서다. 그러므로 아이들에게 몽정이 성장과정에서 지극히 정상적인 일이고 신체가 성숙한 성 활동을 가능하도록 준비해 가는 하나의 과정임을 알려 주어야 한다.

아이들과 작업할 경우 준비된 '꿈 세계' 연습장을 활용할 수 있다. 이 책에는 당신이 아이들의 생각을 조금 더 이해할 수 있도록 돕기 위한 자료가 실려 있다.

■ 꿈과의 대화

유대인에게 중요한 지침인 『탈무드』에 나오는 문구입니다.

"해석되지 않은 꿈은 뜯지 않은 편지와 같다."

다시 말하면, 여러분이 꿈에 귀 기울이지 않는다면 편지를 받은 후 읽어 보려고 하지 않는 것과 다를 바가 없습니다. 여러분은 그렇게 어떤 중요한 정보를 놓칠 수 있습니다.

• 여러분이 이제까지 꾸어 왔던 꿈을 떠올려 아래의 상자에 그림으로 그려 보세요.

• 제목을 붙여 보세요. _____

• 이 꿈이 여러분에게 무엇을 말하려고 하는 걸까요? 이 '꿈의 편지' 는 여러분에게 어떤 메시지를 전달하려고 하는 걸까요?

_____

_____

_____

■ 꿈의 탐험가

어떤 사람은 꿈을 꾸는 사람 자신에게 무언가 할 말이 있기 때문에 스스로 꿈의 모든 부분을 만든다고 생각합니다.

여러분이 영화제작자나 감독이라고 생각하고 대본, 배우, 연출, 제작을 선택합니다. 그리고 여러분의 꿈을 떠올릴 때 꿈의 탐험가가 되어서 여러분의 꿈을 탐험해 보세요.

여러분은 꿈 감독입니다. 첫 번째로 꿈에 제목을 붙여 주세요.

_____

여러분의 꿈이 영화라고 생각하고 다음 질문에 답해 주세요.

• 주인공은 누구입니까? _____

• 꿈의 배경은 어디입니까? _____

• 꿈의 배경에서 특별한 점이 있습니까? _____

• 분위기는 어떻습니까? 예를 들어 무시무시합니까? 평온합니까?

_____

• 꿈에서 바뀌었으면 하는 것이 있습니까? 있다면 무엇입니까?

_____

• 여러분의 꿈이 주는 메시지는 무엇입니까?

_____

04
해리포터의 꿈

조앤 롤링J. K. Rowling의 세계적인 수상작 해리포터에서는 굉장히 의미심장한 꿈이 자주 등장한다. 어떤 사람들은 부모가 살해당했을 때 해리가 받은 외상trauma만을 떠올리는 데 반해 또 다른 사람들은 해리가 미래의 일들을 대비할 수 있게 됨을 생각하기도 한다.

처음으로 출간된 『해리포터와 마법사의 돌』에서 해리는 오토바이를 타고 날아다니는 꿈을 꾼다. 해리는 아기였을 때 거인 해그리드가 부모를 잃은 자신을 데려간 것을 기억하지 못한다. 해리는 밤하늘을 지나서 마술적인 힘이 없는 사람들인 '머글'들의 이상한 세계로 옮겨지게 된다. 비록 해리가 생생하게 기억해 내지 못하더라도 꿈은 보다 초기 사건들과 그를 재결합시킨다.

해리는 생존해 있는 유일한 친척인 비열한 더즐리 가족과 함께 지내는 게 싫었다. 그래서 불행한 아이들이 대개 그렇듯 해리도 잘 모르는 친척이 나타나 더 나은 집으로 자신을 데려가는 꿈을 꾸었다. 또 『마법사의 돌』에서 해리는 자신의 선생님 중 한 분인 퀴렐 교수의 터번을 쓰는 꿈을 꾼다. 터번 속에서 어떤 음성이 해리에게 슬리데린 하우스로 기숙사를 바꿔야 하며 그것이 자신의 운명이라고 알려 준다. 그 터번은 해리의 머리를 부술 듯이 점점 무겁게 쪼여 오는데 그때 자신이 싫어하는 동급생 말포이가 자신이 괴로워하는 모습을 비웃는 것이 눈에 들어온다. 그러자 해리는 말포이만큼이나 싫은 스네이프 선생님으로 변하였다. 이 책은 어떤 강렬한 초록 빛줄기에 해리가 놀라면서 잠에서 깨어나는 것으로 끝이 난다.

말포이의 모습에서 스네이프로 변해 가는 이러한 형태변형 Shopeshifting의 예는 해리가 그들을 어떻게 연결하는지 보여 준다. 아울러 해리는 그들이 뭔가 연결되어 있다고 느끼는데, 이야기가 전개됨에 따라 우리는 해리가 그것을 알아가는 과정을 엿보게 된다. 그리고 해리가 꿈에서 깬 후 기억하지 못하더라도 그 초록빛 줄기는 볼드모트 경이 그를 죽이기 직전에 나타났던 빛이다. 해리는 비웃는 괴성 소리와 함께 초록빛이 번쩍일 때마다 부모님이 사라져 버리는 악몽을 꾼다. 이는 최초의 사건이 반복되는 전형적인 외상후 스트레스Post-traumatic Stress 장애다. 흥미롭게도 해리는 호그와트 마법학교에서 전통적으로 행해지는 퀴디치 게임을 치른 후 몸이 지쳤을 때는 악몽을 꾸지 않는다는 것을 알게 된다.

『해리포터와 비밀의 방』에서 해리는 동물원에 자신이 전시되어 있는 꿈을 꾼다. 우리 앞의 푯말에는 '어린 마법사'라고 써 있고 사람들은 밀집으로 만든 침대에 누워 있는 자신을 쳐다본다. 해리는 집의 요정 도비를 보고 도와 달라고 빌지만 도비는 오히려 여기가 안전하다고 해리에게 말한다. 그 꿈은 더즐리 가족에게 잡혀 있는 존재로서 느끼는 감정과 곧 닥칠 위험에 대한 두려움을 나타낸다. 또한 그 꿈은 해리가 곧 도비가 그의 삶에 어떤 역할을 하게 될 것임을 암시한다.

더 나아가 이 꿈은 해리 자신이 세계에서 가장 유명한 꼬마 마법사라는 사실이 어떤 영향을 주게 될지를 보여 준다. 이것은 그저 평범하게 살기를 원하는 해리에게 좋기만 한 일은 아니다. 그러나 운명은 그에게 모든 장애물과 예측 불허의 도전에 맞서는 신화적 숙명을 받들고 영웅으로의 여정을 떠나라고 말한다.

『해리포터와 아즈카반의 죄수』를 보면, 해리는 새 학기를 시작하면서 돌아가신 엄마와 한층 깊어진 관계를 보여 주는 꿈을 꾼다. 이 장의 서두에 실린 그림은 해리의 끔찍한 악몽 중 하나를 소니아가 그린 것이다. 그 악몽에서는 차디찬 손들이 썩고 있는데, 해리는 엄마가 자신을 구하기 위해 볼드모트에게 겁에 질려 애원하는 목소리를 듣게 된다. 해리는 꿈에서 깨어난 뒤 엄마가 자신을 지켜 주기 위해서 엄마의 삶을 포기한 사실을 알게 된다. 이 새로운 사실은 그 자체로도 슬프지만, 이 사실을 해리가 알게 된 것도 슬픈 일이다. 이 깨달음을 통해 해리는 자신이 엄마에게 얼마나 사랑받고 있는지 깨닫게 된다. 비록 슬픔이 묻어 나긴 하지만 죽은 사람들에 관하여 꿈을 꾸는 것은 많은 아이에게 큰 위안을 주기도 한다.

이러한 이야기의 마술적인 요소는 해리의 꿈을 통해 구성된다. 또 다른 꿈에서 해리는 숲 속을 걷다가 자신이 하얗게 반짝이는 무언가를 쫓아가고 있음을 알게 된다. 그는 그것을 선명하게 볼 수는 없었지만 그것을 쫓아가야 한다는 것을 알고 있다. 해리와 빛의 속도가 모두 함께 빨라지면서 해리는 쿵쿵 뛰어가는 발소리를 듣게 된다. 그리고 어느 숲 속 정원에 도착하자마자 기숙사의 소란 때문에 꿈에서 깨어난다. 우리가 이 해리포터 시리즈로 출간된 3편의 결말 부분에서 알게 되는 것처럼 하얗게 반짝이는 것과 발소리는 모두 중요하다. 이는 아빠와 마법사로서 해리의 힘 모두를 연결하는 고리가 되기 때문인데, 혹시라도 당신이 3편을 아직 읽지 않았을 경우를 고려하여 여기서 그 이유는 언급하지 않겠다. 그러나 예로부터 수사슴은 뿔이 떨어져도 다시 자라나기 때문에 부활을 상징한다는 것 정도를 알고 있는 것은 당시 이 3편을 이해하는 데 도움이 될 것이다.

해리의 꿈의 주제는 대다수 아이들과 별반 다르지 않다. 해리도 떨어지는 꿈과 말포이의 무리에게 쫓기는 꿈, 불에 관한 꿈, 공격받는 꿈을 꾼다. 해리는 중요한 퀴디치 시합을 앞두고 늦잠을 자는 꿈을 꾸는데, 꿈속에서 상대편은 불을 뿜는 용을 타고 있는데 자신은 파이어볼트(해리의 빗자루 이름)도 까먹은 채 경기에 나오는 꿈을 꿨다. 이처럼 불안에 관한 주제는 아이들이 쉽게 동일시하는 꿈이다.

꿈은 『해리포터와 불의 잔』에서도 중요한 역할을 수행한다. 꿈은 해리를 번개 모양의 흉터 자국을 새겼던 사건으로 점점 더 가까이 이끈다. 꿈은 해리에게 절정의 공포 대상인 볼드모트를 소개한다. 이 시기 해리는 열네 살이 되었는데 가끔 자신이 지나치게 걱정하는 것처럼 비춰질 때면 다른 사람에게 불안한 꿈을 언급하지 않는다. 이러한 자기검열Self-Censorship은 이 연령대에서 흔히 볼 수 있다. 그러나 해리의 꿈은 자신을 파괴할지 모르는 볼드모트의 존재를 경고한 것이며 이제 다른 사람에게 어떤 방식으로 조언을 구해야 하는지를 이해하게 해 준다. 또 해리는 잠을 잘 때도 머리는 우리가 걱정하는 것을 신경 쓰고 있음을 알게 되고, 어느 날 아침 자신의 대부인 시리우스 블랙을 지킬 완벽한 계획이 잠을 자다가 완성되자 잠에서 깨어나기도 한다.

『해리포터와 불의 잔』 중 첫 장에 등장하는 '그 꿈'에서 해리는 수리부엉이의 등을 타고 날아올라 어두운 방이 있는 버려진 외딴집에 내린다. 그곳에서 해리는 커다란 뱀, 볼드모트 경, 그의 심복인 웜테일을 보게 되고 자신을 죽이려는 계획을 엿듣게 된다. 그리고 해리는 자신이 그 뱀의 먹잇감이 될 것을 예감한다. 꿈은 다시 한 번 해리에게 살그머니 다가오는 위험을 경고하고 깊은 불안을 드러내 보여 준다. 물론 해리의 흉터에 통증을 느끼는 신체적 반응도 촉발한다. 걱정스러운 꿈에 대한 이러한 신체적 반응은 두려움을 느끼는 아이들에게 흔히 일어난다. 해리는 가장 절친한 친구들에게 결국 이 이야기를 털어놓는다. 그러나 그 관련성을 덜 느끼는 아이들은 불안을 오히려 숨기려 할 수 있다. 해리의 경우처럼 아이들은 무의식적으로 심각한 위험에 처해 있다는 것을 인식하면 신체적 통증이 나타나기도 한다.

　해리포터 시리즈에 등장하는 해리의 모든 꿈은 아이들의 무의식의 상징적인 힘인 정서세계를 반영하고, 꿈은 깨어 있을 때의 지식에 숨겨져 있던 사건들이 어떻게 밝혀지는지를 여실히 보여 준다. 꿈은 우리가 알고 있는 것 이상으로 깊이가 있다. 그러므로 아이들이 자신의 꿈을 이해하도록 돕고 싶다면 용감한 해리포터의 꿈은 좋은 시작이 될 것이다.

Part 2
꿈의 주제

우리의 꿈에 다가가기

05
꿈으로의 초대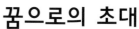

우리는 삶에서 의미 있는 것들을 꿈속에서 찾기를 기대하는지
도 모른다.

　　　　　−안토니 스티븐Anthony Steven의 『개인적인 신화Private Myths』에서

　　　　　　　　　　　　　　　　칼 융Carl. G. Jung

원주민에서 아메리칸 인디언까지 그리고 바이킹(8~11세기 사이
에 북서유럽의 여러 지역으로 공격, 진출한 스칸디나비아의 한 부족−역자
주)에서 오늘날의 환경운동가까지, 꿈은 그 사회의 문화생활로 자리
해 왔다. 동물도 인간과 마찬가지로 코를 골거나 몸을 뒤척이는 것
을 보면 꿈을 꾸고 있음을 알 수 있다. 최근 신문에서 이를 구체적으
로 증명할 수 있는 기사가 실렸다. 그 내용은 수화를 배운 고릴라가

그림이라는 단어를 표현하기 위해 두 가지 수화를 조합하였는데, 아마도 그것은 자신의 꿈 내용을 시각화해서 말해 주려고 한 것 같았다.

꿈의 계층

꿈은 꿈을 꾼 아동의 것이지만, 사실 꿈의 영역은 아동에게 국한되지 않는다. 꿈의 의미와 관련성은 여러 층으로 나누어져 있기 때문이다. 첫 번째 층은 아동의 고유한 감정이다. 두 번째 층은 아동의 직접적인 환경과 연관된 것들이며, 세 번째 층은 더 넓은 세계와 관련이 있는 다양한 문제들이다. 마지막 층은 융이 집단무의식이라 일컫는 층으로 아동과 역사를 연결시키는 층이다. 이 층은 모든 사람이 접근할 수 있는 신화와 상징의 저장소 역할을 하며 모든 사회에서 신화의 근원이 된다.

미국의 심리학자 샤론 셜라인Sharon Saline은 꿈이 과거의 선조들과 우리를 연결해 준다는 생각을 증명한다고 설명하면서 아홉 살 여자아이의 흥미로운 꿈을 예로 들고 있다. 그 여자아이는 친구와 함께 침대에서 뛰어 놀고 있었는데 그 순간 고리들이 나타났다. 아이들은 마치 고리들이 정글짐인 양 뛰어넘기를 하면서 놀았고 "한 번 고리를 뛸 때마다 한 세대씩 거슬러 올라가 우리가 성지순례를 하는 세대까지 올라갔어요." 이 꿈은 친구와 함께하는 아이의 현재 삶을 보여 주면서 동시에 순례자로 미국 대륙에 온 아이의 선조의 삶을 비춰 준다. 그녀는 '꿈의 전개'를 통하여 가족으로부터 나아가 새로운 세대로 이어진다는 것을 이해하고 있었다.

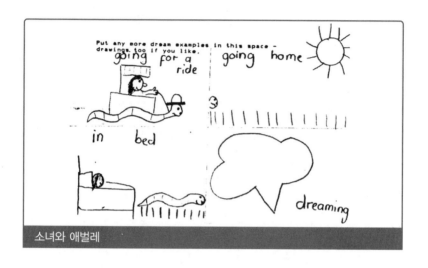

소녀와 애벌레

꿈의 전통

역사를 통틀어 지금까지 개인과 집단 모두의 이익을 위하여 집단은 꿈을 활용해 왔다. 수많은 고대 전승에서 꿈은 과거와 현재를 이어 주고 사람이 신과 만나는 역할을 해 왔다. 서로 다른 집단에서 꿈을 어떻게 활용해 왔는지를 이해한다면 아이들은 자신의 꿈을 소중히 여기게 될 것이다. 예를 들어 보도록 하자.

『또 하나의 낙원, 에덴의 다른 쪽: 수렵인, 농경인, 그리고 세상의 모습The Other side of Eden : Hunter-gatherers, Farmers and the Shaping of the World』

의 저자인 영국 문화인류학자 휴 브로디Hugh Brody는 지구와 지구에 살고 있는 동물과의 상호 존중 관계에서 꿈이 어떻게 중요한 역할을 하는지를 설명한다. 그는 던-자Dunne-za 수렵인들에 대해 다음과 같이 말한다. "죽음을 기꺼이 받아들일 만한 동물을 찾기 위해 동물들은 꿈속에서 자기 자손을 발견하게 해 줄 흔적들을 따라 여행한다. 어떻게 그렇게 먼 거리를 여행할 수 있었는지, 그렇게 막대한 양의 자료를 어떻게 처리하는지, 꿈을 통해서가 아니라면 결정을 어떻게 할지……. 꿈을 꾸는 것은 의식적인 정신보다 더 많은 정보를 결합하고 활용하는 정신의 방법이다."

호주 원주민

꿈을 꾸는 것은 원주민의 전통에서 매우 중요한 일이다. 호주 원주민들의 경우 꿈을 꾸는 것은 재현되어야 할 그들 영웅의 과거 역사에 대한 상징이다. 그들은 꿈이 없다면 자신들은 죽은 것과 같다고 말한다. 또한 그들은 삶과 죽음의 순환이 꿈을 꿀 때 시작하거나 끝나고, 꿈을 꾸는 동안은 시공간의 한계에서 자유로워진다고 믿는다.

호주 원주민들은 꿈에 나타나는 신화나 꿈에 등장하는 돌아가신 조상을 통하여 꿈이 오랜 과거와 미래의 일을 보여 준다고 믿는다. 또한 꿈은 호주 원주민들에게 실질적으로 중요해서 그들은 실제 현실과 꿈속 사건을 명확하게 구별하지 않는다. 뿐만 아니라 부족들마다 현실과 꿈 사이의 차이가 다르게 나타나기도 한다.

나랑가-가Narranga-ga 부족은 인간의 영靈이 꿈을 꾸는 사람의 육체를 떠날 수 있어서 헤매다가 다른 영이나 죽은 사람의 영과 결합될 수 있다고 주장한다. 주파갈크Jupagalk 부족의 사람들은 죽은 친척을 꿈으로 초대하여 아픈 사람을 도울 수 있다고 믿는다. 이러한 관점은 세계 어느 곳에서도 쉽게 찾아볼 수 있으며, 아이들에게서도 마찬가지다. 영국의 아이들은 자신이 아플 때 꿈에서 할머니와 같이 죽은 친척이 그들을 도와준 적이 있다고 이야기하곤 한다. 또 다른 사례는 5장에서 계속 살펴볼 것이다.

원주민의 꿈에서 동물은 꿈을 꾸는 사람을 도와주려고 온 안내자나 토템totem을 뜻하기 때문에 중요하다. 힘을 지닌 안내자로서 동물의 꿈에 대한 중요성은 우리가 아메리칸 인디언에게서 볼 수 있듯이 수많은 원주민의 전통에서 흔한 일이다.

아메리칸 인디언

많은 미국 인디언 부족들은…… 꿈에 큰 의미를 둔다. 특별한 의미의 경우…… 꿈은 영적인 안내자다…… 젊은 인디언들은…… 의식적으로 이렇게 믿는 집단과 거리를 두면서, 꿈속에서는 영적 안내자의 응답을 기다리고 있을 것이다.

칼 오닐Carl W. O' Neill,

『꿈, 문화, 그리고 개인Dream, Culture, and the Individual』

아메리칸 인디언 부족의 많은 원주민은 각각 그 부족만의 독특한 전통을 갖고 있다. 이들에게 꿈은 중요한 역할을 하는데, 그 부족 사회 전체를 위하여 특정 정보를 얻을 수 있는 개개인의 꿈이 공유될 때 특히 그러하다. 호피족Hopi(미국 애리조나 주 북부에 사는 인디언-역자 주) 사람들은 좋은 꿈은 마음속에 간직하지만 나쁜 꿈은 말로 표현하여 문제를 풀고 해결해야 한다고 믿는다.

섀스타 부족Shasta(미국 캘리포니아 북부에 사는 인디언-역자 주)은 돌아가신 조상이 꿈에 나타나면 그 꿈을 꾼 사람이 주술적인 힘을 갖게 될 징후라 믿고 그런 꿈은 대개 아동기에 꾼다고 생각한다. 마찬가지로 꿈에 등장하는 동물은 힘을 지닌 영적인 안내 또는 안내자로 여긴다.

이러쿼이족Iroquois(뉴욕 주 중부에 살았던 아메리칸 인디언의 5부족 연합-역자 주)은 '혼-소원-의식' 으로 알려진 이론을 가지고 있다. 이 부족의 사람들은 인류가 심연의 깊이에 묻혀 감춰진 타고난 욕구인 혼을 갖고 있다고 믿는다. 꿈의 목적은 이러한 심연의 욕구를 드러내는 것이므로 이러쿼이족은 자신들의 꿈을 기록하여 자신의 혼이 원하는 바를 찾고자 노력하고 꿈을 정확하게 해석하는 꿈 전문가를 찾아가기도 한다.

퀘벡에 살고 있는 미스타시니 크리족Mistassini Cree(캐나다의 매니토바 주, 서스캐처원 주 지방의 인디언-역자 주)과 아북극지방에 살고 있는 사람들은 사냥과 유목생활을 하며 살아간다. 땅과 조화를 이루며 살아가는 다른 유목민들처럼 사냥을 위해 예지몽divinatory dreams을 활용한다. 또 그들은 창조성과 영적인 안내자로서 꿈을 중요하게 여긴다. 문화인류학자인 아드레인 태너Adrian Tanner는 『가축으로 길들이기 Bringing Home Animals』를 통해 크리족이 특정 노래와 의류를 만들고 장식하는 기술이나 샤머니즘적인 치료기술을 학습하는 데 꿈이 그들에게 어떤 힘을 가져다주고 있는지를 설명한다.

샤먼

던-자 부족 중 꿈에 있어서 가장 독보적인 위치에 있는 자가 기독교에서 말하는 사후세계를 접하게 되면 천국으로 가는 길을 발견했다고 말하였다. 이는 신앙적인 신념에 대한 주술적 반응이다. 그 길을 발견한 흔적이 있다면 꿈을 꾸는 사람은 그것을 반드시 찾아야 한다.

　　　　　　　　　　　－휴 브로디, 『또 하나의 낙원, 에덴의 다른 쪽』

시베리아에서 기원한 샤먼Shaman이란 말은 의술인의 또 다른 표현이다. 이러한 제사장 또는 치료사는 자신의 영적인 성장의 하나로 꿈을 활용한다. 샤머니즘Shamanism은 선과 악의 영이 우리의 세상에 가득 차 있고 이러한 영들이 주술적인 힘을 지닌 사람들에게 영향을 줄 수 있다는 믿음에 기초한다. 의식이 변한 상태나 꿈속에서 샤먼은 이러한 영과 만나고 부족을 위한 정보를 들려주기도 한다. 게다가 샤먼은 꿈을 통해 병을 진단하고 아픈 사람을 치료하는 방법을 알아내며 어떤 허브를 사용할지를 정한다.

또한 샤먼은 어둠 속의 예언자이며 이 세상 저 세상을 여행하기 위해 '모습을 바꿀 수도 있다.' 변장이나 동물 또는 조상의 특징을 취하는 것도 잠에서 깨게 하는 과정 중 일부다. 샤먼의 가면들은 번개의 섬광을 의미하는 지그재그 모양에서 만들어지기도 한다. 이는 천상과 지상의 세계 사이를 오고 가는 샤먼의 능력을 상징한다. 해리포터 시리즈의 작가인 조앤 롤링은 여기서 영감을 얻어 해리의 이마에 지그재그 모양의 흉터를 준 것이 아닐까?

중국

중국에서도 꿈은 중요하게 여겨져 왔다. 중국 사람들은 고대 그리스가 그러하였듯이 사원에 관한 꿈을 꾸었다. 이러한 신성한 사원에서 사람은 특정 답을 주거나 꿈을 꾸는 사람을 안내해 주는 꿈을 받아 '부화' 시켜 나갔을 것이다. 16세기까지 관직에 있는 모든 사람은 관원 임명 발표가 나기 전이나 어떤 새로운 정책을 소개하기 전에 안내를 받으러 꿈을 다루는 사원에 가야 했다. 이처럼 다양한 문화를 지닌 중국인들은 영혼이 육체와 유사한 모양을 하고서 다른 세계를 여행하거나 다른 영혼을 만날 수 있다고 믿는다.

유명한 현인 장자는 자신이 나비가 되는 꿈을 꾼 적이 있다. 꿈에서 깬 후 그는 사람인 자신이 나비가 되는 꿈을 꾼 것인지 나비인 자신이 사람의 꿈을 꾼 것인지를 스스로에게 물었다. 이 꿈은 사람들이 우리가 경험한 현실세계를 토론하고 있을 때 언급되기도 한다. 분명한 것은 제1장의 뒷부분에서 설명한 캐서린의 경우와 같이 아이들은 꿈을 깨어나 경험하는 것만큼 '현실'로 느껴 다소 혼란스러워한다는 것이다.

보편적 관계

떨어지거나 벌거벗겨지고 쫓기거나 잃어버리는 등의 보편적인 꿈의 주제가 있다. 그리고 물, 해, 동굴, 집과 같은 보편적인 꿈의 상징도 있다. 일곱 살 다니엘의 꿈은 인류 출현 이전이라고 볼 수 있는 물의 기원인 인류발달의 초기 단계로 이어진 듯하다.

"바다의 파도 위를 걷고 있었어요. 제가 물속에서 살고 있었고 물고기처럼 거품을 내뿜었어요."

꿈속에서의 다니엘은 즐거웠지만 물고기와 동물은 아이들의 꿈에서 위협을 주는 힘의 상징으로 나타나기도 한다. 이러한 상징성은 개인적인 경험에 기초한 것이 아니라 인류의 공동유산에서 기원하기 때문에 융학파에서 말하는 원형적인 요소를 의미한다고 할 수 있다. 또한 진화론적 관점에서 볼 때 동물과 곤충이 인류의 적이던 때가 있었는데 야생동물의 힘에 대해 아이들이 두려움을 가지고 있음이 꿈에서 분명히 드러난다.

뉴저지에 사는 열세 살 이베트는 물에 대해 다음과 같이 이야기하였다.

"제 주위에 어둠이 있었어요. 그건 따뜻하기도 했고 편안하기도 했어요. 물고기와 용이 합쳐진 모습을 한 커다란 괴물이 저를 잡아먹었어요. 그것이 저를 통째로 집어삼켰는데 지금도 제 배가 엎치락뒤치락하는 걸 느낄 수 있어요."

꿈의 시공간

"저는 학교에서 유괴되었는데 혼자 있다가 죽는 꿈을 꾸었어요."

—빅토리아(10)

1918년 찰스 키민스Charles Kimmins가 정리한 꿈 이야기에서는 2~13세 아이들의 경우 유괴된 내용을 담고 있는 꿈 이야기를 찾을 수 없었다. 다른 영역에서 비슷한 주제가 수없이 많았음에도 그 당시 아이들은 유괴당하는 꿈에 대한 두려움을 보고하지 않았다. 이를 어떻게 설명할 것인가? 아이들이 보호받지 못한다고 느끼는 우리의 사회를 반영하는 것인가? 아이들이 전적으로 안전하게 느끼지 못하게 하는 미디어와 그 내용의 영향인가? 원인이 무엇이든 간에 이러한 꿈은 수많은 아이들이 안전하다고 느끼지 못하고 있음을 대변해 준다. 아일랜드의 타이론 주에 있는 외진 농장에 사는 일곱 살 핀은 귀신이 나오는 보편적인 꿈을 자주 꾸는데, 행복한 꿈을 꾼 적이 없다고 말하였다. 이 또한 아이들에게 흔히 발생하는 일이기도 하다. 핀은 악마의 표정을 짓는 유괴범의 모습을 그렸는데 그 유괴범은 핀을 가방에 넣어 데려갔다. 핀의 그림을 보면, 가방에서 간절하게 들리는 "도와주세요!"라는 외침이 헛되이 흩어지며, 나쁜 사람의 어깨 너머 흔들리는 가방에서 잔뜩 웅크린 슬픈 표정의 한 인물이 그려져 있다. 무서운 꿈의 등장인물은 괴물이나 귀신에서 모르는 사람, 비인간적인 적, 심지어 이미 알고 있는 가족의 한 사람으로 변해 간다.

도시만이 가지고 있는 위험도 있다. 열 살 딘은 누군가 자신을 데려가기 위해 위층에서 갑자기 나타나 덮치는 꿈이나 괴물이 나오는 꿈을 꾼다. 딘은 꽤 솔직하게 "무서운 비디오를 보면 악몽을 꿔요."라고 이야기하였다. 딘은 요즘 자전거를 타거나 누군가 자전거를 밀쳐서 떨어지는 꿈도 반복해서 꾼다. 사실 딘은 2년 전에 도로에서 자전거를 타다가 교통사고를 당하였고 다리가 부러져 얼마간 병원에 입원한 적이 있었다. 꿈을 통하여 그는 마음에서 경험의 감각을 익히는 방법을 찾아내려고 노력하였고 그때의 외상을 재연하였다. 아마도 딘이 그 충격을 잘 받아들일 때까지 그 사고와 관련된 꿈은 계속될 것이다. 만약 사고를 당했을 때 느낀 두려움과 심지어 사고를 낸 당사자라는 죄책감까지도 말로 표현할 수 있게 되면 그 사고와 관련된 꿈은 사라질 것이다. 그러나 외상을 쫓아내기 전까지 이 '미해결과제'를 해결하라고 그 꿈은 계속해서 딘에게 메시지를 전할 것이다.

런던에 사는 열세 살의 글로리아는 많은 여성, 어린아이, 노인들이 공통적으로 느끼는 길거리에 대한 두려움을 잘 알고 있다. 글로리아는 자신의 꿈에 대해 다음과 같이 설명한다.

"저는 동네를 거닐고 있었는데 어떤 아저씨가 갑자기 저를 끌고 가 성폭행하고 찔러 죽였어요. 너무너무 무서웠어요."

이 꿈도 글로리아에게는 끔찍하지만, 가장 최악의 꿈은 엄마가 그녀를 두고 가 버리는 꿈이었다.

귀신과 괴물에 관한 꿈

나는 캐러밴caravan(대형운반차 안을 집처럼 꾸며 여행하는 차량-역자 주)으로 여행 중인 한 가족을 만난 적이 있는데 그때 여섯 살의 벤을 보게 되었다. 벤은 아홉 명의 형제들과 부모와 함께 작은 캐러밴에서 지냈는데 그 아이의 꿈은 그가 아일랜드 태생임을 말해 주었다.

"밴시Banshee(아일랜드나 스코틀랜드에서 가족의 죽음을 울어서 예고한다고 알려진 요정-역자 주)가 지붕 위에 있었어요. 방으로 날아와 어린 여자아이를 데려가더니 몸을 잘게 잘라 스튜 요리로 만들었어요."

벤의 부모 중 누구도 글을 읽거나 쓸 줄 몰랐고, 그들의 유목민적인 생활이 정착된 사회로 인하여 단순해진다는 적대감 때문에 아이들 상당수를 학교에 보내지 않았다. 그러나 벤은 많은 전래동화를 부모님으로부터 전해들었다. 사실 집에서 들은 이야기가 얼마나 영향력이 있는가에 대해서는 흔히들 잘 알고 있을 것이다.

"저는 머리가 잘린 사람이 말을 타고 오는 꿈을 꾸어요. 한번은 우리가 밤을 지낼 묘지에 도착한 적이 있는데 그때 귀신이랑 그 비슷한 뭔가가 저에게 다가오는 꿈을 꾸었어요."

연령과 상관없이 나와 무관한 적들에게 위협당하는 느낌은 어느 연령대에서든지 쉽게 감지가 되는데, 일곱 살 세마는 '마녀가 엄마와 아빠한테서 자신을 납치해 가는' 꿈을 꾼 뒤 엄마와 아빠가 돌아가셨다고 말하는 '하얀 귀신'이 나오는 꿈도 꾸게 되었다. 이 밖에 열세 살 베리의 꿈은 다음과 같다.

"제 방 창문에서 뭔가가 번쩍이고 있었어요. 제가 밖을 내다보았을 때 사람들은 어딘가로 뛰어가고 있었어요. 사람들은 곳곳에서 모두 죽어 가고 있었고 가까이 다가가 쳐다보았더니 그곳에서 이리저리 뛰어다니며 숨어 있는 나를 발견하게 되었어요."

발달상의 스트레스, 불쾌한 일이나 외상, 일상에서 반복되는 불행은 보통 아이들의 꿈에서 명확한 꿈의 내용으로 나타난다. 아이들은 계속해서 성장하기 때문에 발달상의 변화가 반드시 필요하고 이러한 정서적이고 신체적인 변화에 대한 숙달mastery은 아동기의 과업이라는 점에서 그리 놀라운 일이 아니다. 또한 꿈은 우리 어른들이 간과하는 사실, 즉 이런 과업이 얼마나 어려운지를 알려 준다.

집의 상징

내가 『꿈을 꾸는 여성Women Dreaming』이라는 책에 관한 자료를 조사할 당시, 여성들이 꾸는 꿈 중 집의 이미지가 나오는 꿈은 자신에 대한 자기이해를 상징하고 있음을 알게 되었다. 집의 상이한 높이는 뚜렷이 구별되는 심리학적인 견해를 나타내기 위한 방도로 사용되기도 한다. 그래서 우리의 '머리'에 해당하는 다락방은 생각하는 과정을 상징하고 지하실은 숨겨진 어두운 추동drives인 우리의 무의식과 접촉하는 방을 뜻할 수도 있다. 이 외에도 다른 것이 있을 것이다. 나는 지금은 열세 살이 된 헬렌이 아홉 살 땐 꾼 꿈에 대해 우연히 들었고, 이 꿈을 통하여 이미 이 어린 나이에도 집이 강력한 상징으로 나타날 수 있음을 알게 되었다. 헬렌은 다음과 같은 꿈을 꾸었다.

"집이 쓰러졌어요. 집이 단계적으로 쓰러졌는데 처음에는 집 앞부분이, 그다음에는 집 뒤쪽이, 그리고 집 가운데가 차례로 쓰러져갔어요. 아빠, 언니, 저는 집에 있었지만 엄마는 일하러 가셔서 집에 안 계셨어요. 우리는 벽돌이 떨어지고 있었기 때문에 이를 피하기 위해 바닥 아래의 은신처로 내려가려고 했어요. 그런데 저는 엄마가 집에 돌아오시면 저를 어떻게 꾸짖을까 하는 그 생각만 들었어요."

지극히 단순하게 살펴보면, 헬렌은 엄마가 일을 마치고 집에 돌아와 아수라장으로 변한 집을 보고 뭐라고 할 엄마의 반응을 걱정하고 있다. 그래서 헬렌의 꿈은 그 시나리오를 극적으로 전개했는지도 모른다. 그러나 그것은 헬렌이 자신의 방어가 산산이 부서지는 것을 느낀 표현일 수도 있다. 헬렌의 아빠와 언니도 이 영향을 받고 있고 위험을 똑같이 피하려고 하지만 그들이 빠져나가려면 더 깊은 곳으로 가야만 한다. 과연 헬렌의 가족은 그 상황을 해결하기 위해 무엇을 파내어야 하는 것일까?

꿈은 직간접적으로 사회 전체에 영향을 줄 수 있다. 프랑스 작가 레이몬드 드 베커Raymond de Becker는 『꿈의 이해The Understanding of Dreams』에서 만약 제2차 세계대전의 핵심인물이 그의 목숨을 구원받는 꿈을 꾸지 않았다면 제2차 세계대전은 일어나지 않았을 것이라고 기술하였다. 제1차 세계대전을 치르는 동안 한 독일인 상병은 최전방에 있는 자신의 벙커에서 잠이 들었다. 그는 자신이 잠든 사이 대포가 그 벙커를 겨누어 적중되는 놀라운 꿈을 꾸었다. 그가 일어나 벙커에서 도망치자마자 그곳은 대포로 초토화되었다. 그 사람이 바로 아돌프 히틀러다. 그는 이 꿈이 자신의 목숨을 구하고 세계를 구상하여 변화시킬 징조를 가져다주었다고 믿었으며, 자신이 천하무적이라고 생각하였다.

아이들의 두려움

1987년 출간된 학술지 『아동심리와 정신의학*Child Psychology and Psychiatry*』(by Yamamoto and colleagues)에서 6개 국가의 아이들에 대한 비교문화연구를 살펴보면, 잘 해내지 못할 것이라는 두려움, 거짓말을 하는 의심스러운 존재, 형편없는 학교 성적표, 교장선생님께 불려가는 것 등은 아이들이 일상에서 받는 스트레스에 대해 등급을 매긴 것 중 가장 높은 순위를 차지한다. 아이들은 냉소적인 선생님들에게 받았던 수치심을 예민하게 지각하였다. 이 학술지는 우리가 아이들이 어떻게 느끼는지를 안다고 확신하는 것보다 아이들이 우리에게 말하는 것을 오히려 경청해야 한다고 말하면서, 아이들이 느끼는 바를 말하더라도 주변 어른들이 이해한 것과 종종 다르다고 말하였다. 우리는 아동기의 구조와 기능을 진정으로 이해해야 하며 아이들이 꿈을 통하여 소통하는 것에 주의를 기울이는 것도 하나의 방법이다.

드넓은 세계는 학교생활에 영향을 미치고 세부내용은 어김없이 꿈에 포함된다. 열한 살 킴벌리의 꿈은 이와 관련이 있다.

"저는 교실에 혼자 있었고 아무도 없었어요. 밖에서 헬리콥터 나는 소리가 들리더니 헬리콥터는 보라색과 노란색이 뒤섞인 분홍색으로 포장된 선물을 떨어뜨렸어요. 그 선물을 주워 와서 포장을 풀었는데 펑 하고 터져 버렸어요. 그런 다음 학교 전체가 폭발했고 저는 죽어서 지옥에 갔어요."

헬리콥터가 밤낮으로 정찰하는 벨파스트에 살고 있는 킴벌리의 의식 한가운데에는 언젠가 폭발할지도 모른다는 생각이 잠재되어 있다. 그러나 본질적으로 따져 보았을 때 킴벌리의 꿈은 터질 것 같은 자신의 감정을 피상적으로 즐겁고 기쁜 것처럼 포장해야 하는 또다른 상황과 관련되어 있다고 보인다. 그렇다면 킴벌리는 어떤 것이 막 폭발하려고 하는 것을 느낀 것일까? 누군가 그녀에게 '지옥으로 가라'고 늘상 말해 왔는가?

엄마와 세 자매와 함께 살고 있는 열 살의 엠마는 악몽을 자주 꾼다. 이 악몽 중의 하나는 엠마가 구조되는 내용이 담겨 있다.

"언니가 높은 절벽에서 떨어지는 악몽을 꿨어요. 저는 언니 다음으로 절벽에서 떨어졌는데 언니가 떨어지려고 하는 곳의 밑바닥에서 어떤 아저씨가 걷고 계셨어요. 그래서 언니를 막 붙잡았는데 그 순간 제가 바닥에 쿵 하고 부딪히는 것 같더니 꿈에서 깼어요."

다행히도 엠마의 노력이 실패하는 곳에는 성인이 개입할 수 있는 성공적인 표상이 있다. 즉, 실제 침대에서 떨어지는 느낌은 이 꿈에 포함되어 있다. 앞서 우리가 주목한 것처럼 이는 매우 흔한 일이다.

새 시대에 꿈을 꾸는 것

세계 어느 곳이든 꿈과 꿈을 꾸는 것에 대한 관심이 급증하고 있다. 심리치료, 전인적 의료, 개인발달, 창의성과 문제해결 연구에서 꿈은 중요하다. 그리고 꿈은 우리의 문화유산을 반영한다. 시카고에 있는 꿈 연구가 앤소니 섀프톤Anthony Shafton이 1999년에 발표한 「꿈 세계Dream Time」라는 논문에 따르면 당시 노예 신분이었던 미국의 흑인들은 예지몽을 당연하게 생각하는 것으로 나타났다. 현재 미국에서 일반적인 인구의 25~50% 정도가 예지몽을 믿는 반면 인터뷰한 미국 흑인들은 92%가 예지몽을 믿고 있었다. 이는 분명히 아이들이 그들의 꿈을 보는 방식과 관계가 있으며, 따라서 우리는 사람들이 꿈에 대해 이야기할 때 문화적 차이를 염두에 둘 필요가 있다.

아이들은 환경오염, 기후변화, 세계화 등의 문제에 대해 더 많이 배우기 때문에 이는 꿈을 통해 불안으로 표출된다. 또한 아이들은 세계의 종말, 해일로 인한 도시 파괴와 불시에 발생하는 재난에 관한 꿈을 말하기도 한다. 아홉 살의 더글러스는 오존층이 파괴되어 지구가 점점 견딜 수 없을 만큼 뜨거워지는 꿈을 꾸었다. 또 핵 전쟁에 관한 무시무시한 꿈도 꾸었다. 더글러스는 "우리 어린이들은 어른들이 일으킨 문제를 배우는데 하나도 좋지 않다고 생각하면 그걸 꿈으로 꿔요."라고 말하였다.

남자아이나 여자아이 모두 불과 같은 외부의 힘과 관련된 꿈을 꾸는데 이러한 꿈은 8세 이후부터 빈번해진다. 아홉 살의 샨텔에게도 두려움이 혼재되어 있다. 그 두려움이란 등 뒤에서 총을 쏘는 사람, 지하 감옥에 갇혀 있는 가족, 그녀의 방에 존재하는 그림자들을 말한다. 샨텔의 가장 행복한 꿈은 '악마를 죽이고 세상과 자신을 위해 더 좋은 것을 만들어' 이 모든 두려움을 없애는 방법을 찾는 꿈이다.

캐나다에서 수렵 생활을 하는 부족과 함께 자라든 런던의 어느 지역에서 생활하든, 꿈은 아이들에게 중요하다. 다음 장에서는 아이들을 괴롭히는 악몽의 의미를 살펴볼 것이다.

그가 날 죽였어요

06
악 몽

부모들이 아기들을 어둠 속에 홀로 잠들게 한 뒤 두고 가면 어떤 일이 일어날지 모른다.

－월터 데라메어의 『보라, 이 꿈꾸는 자』에서

찰스 램

영국의 수필가이자 비평가인 찰스 램Charles Lamb, 1775~1834은 어린 시절 악몽에 시달렸다. 월터 데라메어Walter de la Mare의 『보라, 이 꿈꾸는 자Behold, This Dreamer』에서 램은 이렇게 말한다. "밤 시간의 고독, 그 어둠은 나의 지옥이었다." 오늘날의 아이들도 어둠에 대한 공포나 잠을 자는 동안 일어날 만한 일에 대한 걱정을 저마다 가지고 있다. 따라서 이 장에서 우리는 아이들이 어떻게 악몽을 떨쳐 버리도록 도울 수 있는지에 대해 살펴볼 것이다.

> "내가 뭔가에 화가 나거나 분노했을 경우에는 꼭 무섭고 끔찍한 꿈을 꾸게 되요. 그러다 결국 자다 깨게 되고 두려움을 느끼게 돼요."
>
> ―앨리스(12)

악몽nightmare이라는 단어는 밤night과 악령moere을 의미하는 영국의 고어가 결합된 데서 나온 것이다. 악몽은 흔히 밤의 후반부 동안 REM 수면 상태에서 일어나는데, 모든 종류의 꿈은 대부분 이때 꾸게 된다. 아이들이 울면서 깨거나 '나쁜 꿈'을 꾸었다면서 꿈에서 쫓기고 공격당하며 나쁘게 꿈이 끝났다고 불평할 때, 우리는 아이가 악몽을 꾸었음을 알 수 있다. 이때 아이를 부드럽게 안심시키면 대부분의 아이들은 다시 잠에 든다.

악몽은 긍정적인 역할을 하기도 한다. 악몽은 우리에게 일종의 초기 경고장치다. 외현적으로 아무렇지 않아 보여도 내면에 자리해 있는 소용돌이를 경고한다. 평소에 우리는 아이가 잘 지내고 있고 충분히 행복해 보인다고 여길지도 모른다. 그러나 악몽은 다른 이야기를 우리에게 전해 준다. 학교 운동장에서 친구와의 말싸움이 원인이 되었든 가족 안의 불화가 원인이었든지 간에 악몽은 우리가 어떤 행동을 취할 때라는 신호탄이 된다.

전형적인 악몽 주제

분리불안

독립이나 분리하는 방법을 익히는 것은 성장과정의 일부다. 이는 무서운 경험이 되어 아이들의 꿈에 나타날 수 있다. 예를 들면, 전형적으로 길을 잃거나 납치당하거나 버려지는 주제 등이 꿈으로 나타난다. 현재 열 살인 딘은 여섯 살 때 다음과 같은 꿈을 꿨다.

"어둑어둑해질 때 나는 정원에 나와 있었어요. 그런데 이 버스가 길을 따라와서 다른 사람들과 함께 나를 태우고 가 버렸어요. 그 버스는 지하로 내려가서 동굴로 나를 데리고 갔는데, 그곳에 있는 모든 마녀들이 나를 겁주고, 또 난쟁이들이 나를 무척이나 놀려 댔어요. 그 버스는 돌아와서 나를 태우고 다시 집에 데려다 주긴 했지만, 그 꿈은 정말 무서웠어요."

이 꿈은 '버림받았을 때' 느끼게 되는 불안으로, 나를 돌봐 줄 사람들로부터 떨어져서 못된 마녀들의 손아귀에 있을 때의 기분을 반영한다. 어린아이들에게 마녀는 괴물들과 마찬가지로 해를 입힐 수 있는 강력한 힘을 상징한다. 또한 마녀는 이 세상에 통제할 수 없는 어떤 것이 존재한다는 아이들의 불안을 표현하기도 한다. 부모는 아이에게 도처에 위험이 깔려 있지만 엄마 아빠가 아이를 보호한다는 사실을 상기시켜 줘야 한다. 뿐만 아니라 아이가 어른이 되어서 스스로 자기 자신을 돌볼 수 있을 때까지는 보살펴 준다는 것을 안심시켜 주어야 한다.

> "내가 꾼 가장 무서운 꿈은 길을 잃고 헤매다가 엄마와 할머니가 이미 죽었다는 사실을 알게 된 것이었어요. 나는 결국 집에 돌아오지 못했고, 어떤 무서운 개가 나를 죽였어요."
>
> ─캐시(10)

종종 아이들은 집에서 부모와 떨어져 있을 때, 집에 무슨 일이 일어날 거라고 상상한다. 특히 이혼이나 가족 내의 죽음과 같은 가족의 외상이 있는 경우 더욱 그러하다. 사실 어떤 아이들은 학교를 가지 않겠다고 떼를 쓰면서 이를 과격하게 표현한다. 『아이의 상실감을 다루는 방법Helping Children to Manage Loss』에서 언급하고 있듯이, 아이는 불안을 의식적인 수준에서 알고 있지는 않지만, 더 깊은 수준에서 나쁜 일이 자신에게 일어나지 않을 것을 인식시켜 줄 부모가 필요하다. 캐시의 꿈은 이러한 불안의 좋은 예가 된다.

> "나는 사람이 많은 마을에 혼자 알몸으로 있는 꿈을 꿔요. 가족과 친구들도 다 있는데 말이죠. 내 적들은 나를 동그랗게 에워싸서 점점 가까이 다가오는데, 가족과 친구들은 저 멀리 도망가요. 나쁜

일들이 끝나자마자 땅이 갈라진 틈으로 나는 떨어지고 떨어지고 또 떨어졌어요. 어떤 빛이 점점 커지는 게 보여요. 그러면 나는 자리에서 일어나는데, 대개는 새벽 2시쯤이에요."

-안드리안(12)

낙하하거나 나체가 되는 것은 꿈의 공공연한 주제다. 유년기의 의존성에서 청소년기로 접어들면서 시작된 안드리안의 불안감은 꿈의 이미지로 형상화된다. 혹시 안드리안이 새벽 2시경에 태어난 것은 아닐까? 하는 궁금증도 생긴다. 산파와 신생아를 돌보는 사람들이 말하는 출생외상birth trauma을 마치 기억하듯이, 아이들은 가끔씩 그들이 태어난 시간쯤에 깨어나서 성을 낸다고 한다.

스트레스는 악몽과 야경증의 원인이 되는 요소다. 심리학자 어윈 크노프Irwin Knopf는 예민한 아이들이 악몽에 더 잘 시달리고, 야경증에 시달리는 아이들은 미성숙한 신경체계를 가지고 있을 수 있다고 하였다. 일반적으로 악몽과 야경증은 자발적으로 사라지기 때문에 의학적 치료가 필요 없다. 아이가 악몽이나 야경증에 시달리면 당신의 지지가 필요하다. 따라서 아이의 이야기를 잘 듣고 그 목소리에 내포된 두려움에 민감하게 반응해 주라. 동시에 그날 아이에게 어떤 일이 일어났는지를 곰곰이 생각해 보라. 학교나 집에서 비일상적인 스트레스를 겪지는 않았는가? 어떤 변화가 아이에게 있었는가? 이를테면, 이사라든가 몸이 아프다거나 아이가 화날 만한 일이 일어나지는 않았는가? 아이들은 늘상 고민을 털어놓지 않는다. 그러나 평소 때 안 하던 행동을 보이거나 이불에 오줌을 싸거나 투정을 부리면서 마음의 불편함을 표현한다.

유기

아이들은 악몽을 꿀 때 자신을 돌봐 주던 대상으로부터 버려지는 꿈을 꾼다. 부모님이 돌아가셔서 언젠가는 자신의 주변에 아무도 없이 혼자 남겨질 거라는 궁극적인 두려움도 이에 포함된다.

> "제가 꾼 가장 무서운 꿈은 우리 가족이 전부 죽는 꿈이에요."
>
> —팀(10)

부모님에게 죽음에 대해 물어보는 것은 아이들에게 무척이나 어렵다. 그렇지만 아이들은 죽음에 대해 생각하고, 또 그 두려움을 꿈에서 드러낸다. 혼자 남겨지는 것에 대한 두려움이 나타나는 상황은 모두 꿈으로 표현된다. 아홉 살의 애덤은 엄마가 아이들에게 성경공부가 따로 마련된 새로운 교회에 자신을 데려가고 난 후 다음과 같은 꿈을 꾸었다.

> "나는 이 꿈을 계속 꾸곤 했어요. 꿈속에서 엄마는 나를 교회로 데려가서 의자에 앉히고는 저를 떠났어요. 그때 마법사는 거기서 가마솥에 뭔가를 끓였어요. 방 모퉁이에는 새장이 있었는데 마법사

는 그 안에 나를 집어넣으려고 했어요."

이 꿈은 마녀가 아이들이 살찔 때까지 철장에 가둬 두는 내용이 담긴 『헨젤과 그레텔』과 흡사하다. 애덤의 꿈은 혼자 버려지는 것에 대한 두려움과 연결되어 있다. 물론 애덤은 새 교회가 '어딘가 이상하고 미심쩍어' 보인다고 사전에 이야기하였다. 비록 엄마에게는 그런 자신의 마음이나 꿈에 대해 좀처럼 이야기하지 않았지만 말이다.

아이들이 두려움을 표현하도록 도울 때는 동화책이 유익하다. 수백 년 동안 동화는 아이들의 주된 놀잇거리였다. 동화책의 영향력이 이렇게 강력한 이유는 20세기 최고의 아동심리학자 중 하나인 브루노 베틀하임Bruno Bettelheim이 『향상을 위한 방안 The Uses of Enchantment』 (나는 동화에 대해 가장 통찰력 있는 책이라고 본다)에서 알기 쉽게 설명하고 있다. 그 이유는 동화의 상당량이 일상생활에서 아이들이 느끼는 버림받은 감정을 표현해 주기 때문이다. 아이들은 병원에 혼자 남겨졌을 때, 침대에 혼자 누워 있을 때, 부모가 아무리 좋은 보모를 두고 외출한다 해도 버림받은 느낌을 받는다. 그러나 그런 감정을 겪으면서 스스로 이겨 내고 또 괜찮다는 기분을 느끼면서 아이들은 자립심과 독립심을 키워 나간다. 많은 동화에서 아이들이 버려지거나 혼자 남겨지고 길을 잃고 나서야 진짜 이야기가 시작되곤 하는데, 해리포터의 경우도 그렇다. 주인공이 새로운 세계를 발견하고 이후 자기 안에 숨어 있던 새로운 가능성이 나타나기 시작하면서, 부모로부터 분리되어 독립된 개체로 살아갈 수 있음을 깨닫게 된다.

베틀하임은 아이들이 즐거워하고, 소원이 이루어지는 행복한 동화만을 접하지 않는다는 게 얼마나 중요한지를 설명한다. 즉, 그들에게는 균형이 필요하다. 아이들은 분노와 적개심, 반항 심리, 아무도 도와주지 않는다는 기분을 느끼는데, 동화는 다른 사람들도 그런 감정을 가지고 있음을 알게 하여 아동 혼자만 그런 기분을 갖는 것이 아니라는 것을 알게 한다. 또한 삶에는 선과 악, 행운과 불운이 공존한다는 사실을 깨닫게 해 준다. 이처럼 동화는 삶의 양면을 모두 보여 주며 아이들이 자기 내면의 깊은 갈등을 다룰 수 있도록 한다. 종종 꿈은 동화의 이러한 역할과 동등하게 작용하기 때문에 그러한 연결성을 생각하면서 아이들과 악몽에 대해 이야기할 수 있다.

정신분석가 융Jung과 포담Fordham이 지적하였듯이, 탐닉에 대한 신화적 주제는 세계 공통적이다. 열 살의 자니아는 꿈에서 착한 노파가 자니아에게 무척 친절하게 대해 주어 결국 같이 차를 마시기로 하였다. 물론 자니아가 노파의 집에 들어서는 순간 문제는 시작되었다.

"노파가 문을 잠그고 열쇠를 숨겼어요. 나는 '뭘 하시는 거예요?' 하고 물었더니 '아무것도 아니야.'라고 대답했어요. 그러자 노파는 나에게 앉으라고 명령하였고 내가 앉자마자 내 뒤에서 뭔가를 하는 것 같았어요. 뒤를 돌아보자 무시무시한 얼굴이 보였어요. 바로 그 노파였어요. 그 노파는 마녀였던 거예요. 순간 노파는 나를 보면서 말했어요. '내 이름은 젤다야. 난 아이들이 싫어. 다른 아이들처럼 나는 네 피부를 벗겨 내고 싶어. 그래서 너를 여기로 데려온 거지. 이제 네 차례가 온 거야.' 나는 소릴 질렀지만 소용이 없었어요. 마녀가 점점 내게로 다가왔고, 그 순간 잠에서 깨어났어요."

아이들이 두려움을 다룰 수 있도록 돕는 것은 그들이 힘없는 피해자가 아니라는 것, 상황을 바꾸는 데 무기력한 존재가 아니라는 것을 깨닫게 하는 것이다. 동화에서 약한 사람이 항상 승리하는 것은 아니다. 지혜, 인내, 정직, 그리고 무서움에 직면하려는 의지를 가진 자가 승리하게 된다. 당신은 혼자 있게 된 상황의 두려움에 대해 이야기하면서 아이들을 도울 수 있다. 그래서 자니아에게 이런 방법으로 접근할 수 있다. 이를테면, "네가 그 방에 있었고 누군가가 그 방문을 잠갔다면 너는 어떻게 하겠니?" 그렇다면 가능한 해결책들을 찾아보자. 창문으로 기어 올라갈까? 도와 달라고 크게 외쳐 볼까? 누군가가 밖에서 기다리는 척 연기를 해 볼까? 당신의 생각을 아이들과 공유하라. 그리고 당신이 공감하고 있다는 것을 아이가 알 수 있게 해 주라. 이러한 방법은 동화책을 다룰 때도 사용될 수 있다. '곰 세 마리Goldilocks'의 주인공들이 먹을 장소를 찾으려면 어떤 것을 해 볼 수 있을까? 해결책을 모색하는 것은 아이들의 사고방식에 영향을 주어 아이들이 피해자의 역할에 안주하기보다 자신감 있고 해결 중심적이 되도록 돕는다.

상처와 공격

"학교 친구와 내가 늑대들에게 쫓기는 꿈을 꿨어요. 우리가 늑
대에게 잡힌다면, 우리를 분명히 잡아먹을 거예요."

－헬렌(5)

헬렌의 꿈은 '아기돼지 삼형제'의 이야기에서 비롯되었는지도
모른다. 꿈을 이해하려고 할 때는 복잡하게 생각하기보다 단순한 설
명을 찾는 것이 도움이 된다. 꿈에서 표면적으로 보이는 이야기들과
같은 '일상의 잔재'를 찾아보자. 이 방법이 쉽지 않다면, 꿈에서의
동물이 무엇을 상징하는지를 생각하면서 이전 장에서의 기법들을
사용해 보자.

꿈에서 아이들은 동물, 외계인, 나쁜 사람으로 '변한' 친구들이

나이프만이 그린 '쫓기는 소녀'

나 누구에게라도 공격당할 수 있다. 미국의 꿈 연구가이자 심리학자인 캘빈 홀Calvin Hall과 버넌 노드비Vernon Nordby는 "모르는 남자가 동물 다음으로 가장 자주 꿈에 등장하는 악역인데, 이는 꿈을 꾸는 사람에게 정도를 벗어나는 가장 심한 사람이다."라고 하였다. 또 공격자가 무엇이든 혹은 누구든지 이런 꿈은 취약성을 드러낸다. 이런 꿈은 깨어 있을 때의 생각이 실제 사건, 화제가 될 만한 사물, TV 드라마의 영향을 받아 '저런 일이 나에게 일어난다면?' 이라는 생각으로 어떻게 이어지는지를 보여 준다. 이처럼 꿈은 삶과 죽음 사이를 오고 가지만, 우리가 아이들을 보호해 주고 안심시킬 기회이자 그런 일이 일어날 가능성을 적게 해 주는 기회가 되기도 한다. 뉴스에 공격과 유괴가 보도되기도 하지만, 통계적으로 볼 때 그러한 사건이 보도되는 경우는 극히 드물다. 그러나 공격은 악몽 주제로 매우 흔하다.

> "톱을 들고 있는 남자가 나오는 악몽을 꾼 적이 있어요. 그는 나와 우리 아빠를 쫓아와 마을 주변까지 왔어요. 그리고 그 남자가 내 다리 한쪽을 잘라서 마구 소리를 질렀어요."
>
> ─클레어(10)

> "내가 꾼 가장 무서운 꿈은 얼굴이 반쪽밖에 없는 남자가 배수관을 타고 내 방 창문까지 올라왔던 꿈이에요. 그 남자는 여동생의 스타킹으로 나와 동생의 목을 졸랐어요."
>
> ─엠마(9)

"꿈에서 아래층 거실로 내려갔는데 알세이션산 개가 나에게 달려들었어요. 그런데 그 개는 광견병에 걸린 개였어요. 그 개가 내 목을 물어서 나를 인형인 양 이리저리 내팽개치기 시작했어요."

-존(8)

각각의 꿈에서는 신체적 외관의 상해가 어떤 형식이로든 나타나고 있다. 그러나 꿈을 꾸는 아동을 도와주거나 보호해 주는 슈퍼맨과 같은 존재가 보이지 않기 때문에 도움 행동의 결여를 드러낸다. 아이들은 어른들이 보호해 주는 세계에 있지만 어떤 아이들에게 어른들의 보호는 자신들이 바라는 모습이 아닐 수도 있다. 어떤 아이들은 자신에게 도움을 줄 사람이 없는 것을 느끼고 고립감에 빠진다. 에린의 꿈에도 이와 비슷하게 탈출의 서광이 보이지 않는다.

"내가 꾼 가장 무서운 꿈은 내가 철창으로 된 방에 갇힌 것이었어요. 제가 그 방에 들어서자 모든 벽과 천장은 닫히기 시작했어요."

-에린(10)

에린은 삶이 모두 '닫히는' 시기에 이 꿈을 꾸었다. 에린의 가족에게는 다소 문제가 있었고, 에린은 그 모든 스트레스로부터 도망갈 곳이 없었다. 즉, 에린의 꿈은 상징적으로 덫에 걸린 듯한 느낌으로 나타나게 된 것이다. 아이가 이와 같은 꿈을 당신에게 말한다면, 아이가 아무도 자기를 돌보지 않는다고 느끼는지 혹은 공격을 받고 있다고 느끼는지를 알아내어 자신감을 가질 수 있도록 이 장의 맨 뒤에 나와 있는 기법들을 활용해 보자.

형태변형

우리는 성장하는 동안 영웅, 완벽한 성품을 지닌 부모님, 그리고 그와 대등한 존재들이 사실은 우리가 원하는 만큼 완벽하지 않다는 것을 배운다. 또한 어른들의 세계가 복잡하다는 것도 배운다. 어른들은 어떤 때는 상냥하다가도 갑자기 무서운 악마로 변하기도 한다.

> "남자와 여자가 모두 괴물로 변해서 다른 사람들을 잡아먹는 꿈을 꾼 적이 있어요. 그들은 사람들의 머리랑 팔과 다리를 먹어 치웠어요. 나는 이런 나쁜 꿈이 싫어요."
>
> ─폴(10)

> "내가 꾼 가장 무서운 꿈은 엄마가 미용실에 있는데 미용사가 샴푸에 독약을 탄 거예요. 미용실에서 집으로 돌아오자마자 엄마는 서서히 쭈그렁 할머니로 변했어요."
>
> ─사라(9)

줄리는 일곱 살 때 다음과 같은 꿈을 꾸었는데, 신뢰가 깨질 때의 아픈 감정과 형태변형을 통한 변신 및 공포의 느낌이 고스란히 드러나 있다.

"그 꿈은 우리 할머니 집에서 꾼 꿈이에요. 할머니가 자고 있는 안방에 들어갔는데, 아빠가 침대 옆에 서 있었어요. 바지, 셔츠, 넥타이 모두 아빠 것이 맞는데, 이상하게도 아빠가 괴물의 머리를 하고 있었어요. 온몸에 털이 나 있고, 얼굴은 초록색과 회색빛이었고, 침이 뚝뚝 떨어지는 큰 송곳니를 가지고 있었어요. 그 모습을 본 순간 나는 굳어 버렸어요. 다정다감하고 착한 우리 아빠가 나쁜 괴물로 변한 충격 때문인지 계속해서 그 자리에 서 있었어요. 그러다가 엄마가 있는 거실로 달려와서 내가 본 것을 엄마에게 말했어요. 우리가 같이 안방에 갔을 때, 엄마는 피식 웃었어요. 아빠가 다시 정상으로 돌아왔거든요. 엄마는 내가 아빠를 괴물이라고 한 것 때문에 나를 보며 웃기 시작하셨어요. 나는 크게 울어 버렸어요. 왜냐하면 괴물로 변한 아빠를 진짜로 보았는데, 아무도 내 말을 믿어 주지 않아서 화가 나고 서러웠거든요."

꿈은 아이들에게 사람은 좋은 면과 나쁜 면 둘 다를 가지고 있는 복잡한 존재임을 알게 해 주는데, '형태변형'이 일어나는 악몽은 이를 극적인 방법으로 알려 준다.

열 살 난 린다는 다섯 살 때부터 줄곧 꾸던 악몽에 대해 이렇게 말한다. "어떤 남자 악마가 나를 데려갔어요. 거기에는 나를 죽이려고 따라오는 사람들이 있었어요." 다음은 린다가 꾸는 꿈에 대한 내용인데 끔찍하기 그지없다.

"나랑 어떤 아줌마가 있었어요. 나는 그 옆에서 울고 있었고요. 그런데 갑자기 그 아줌마가 정원으로 나를 데리고 들어갔어요. 그러자 한 남자가 나를 쫓아왔어요! 그러더니 나를 산산이 조각냈어요."

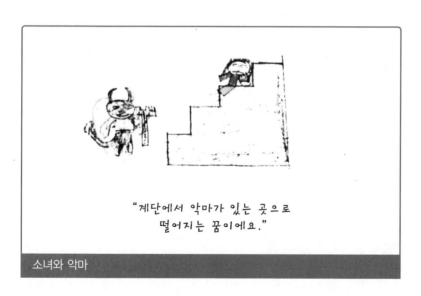

"계단에서 악마가 있는 곳으로 떨어지는 꿈이에요."

소녀와 악마

린다는 몽유병이 있는데, 한번은 잠결에 집 밖으로 아예 나가 버려서 죽을 뻔한 적이 있었다. 때로는 아동이 어떤 꿈을 처음 꾸기 시작한 시기가 중요한데 린다의 경우도 그렇다. 린다는 다섯 살 때 아동 성폭력 전과범에 의해 성폭행을 당하였다. 그래서 린다의 꿈속에는 두려움이 여전히 마음 깊숙한 곳에 자리 잡은 채로 방치되어 있는 상태다. 이런 경우 전문가의 도움이 절실히 필요하다. 특히 학교 상담센터나 성폭행 피해자를 상담하는 전문인들로 구성된 NSPCC와 같은 특화된 기관의 도움이 필요하다.

성폭행 피해 아동은 외상후 스트레스 장애를 겪곤 한다. 영국 심리학자인 네빌 킹Neville King과 그의 연구팀은 열 살 난 '샐리'의 경험을 사례로 들었다. 샐리가 심한 수면 문제와 반복되는 악몽, '성격과 다른' 행동을 보이자 샐리에게서 이전에 발생한 성폭행을 감지할 수 있었다. 악몽을 다루는 것이 샐리에게는 주요한 치료였지만 불안감을 없애기 위해 이완요법을 가르쳐 주었고 사회적응 훈련을 통해 샐리가 자신감을 회복하고 당당하게 표현할 수 있도록 하였다.

다섯 살배기 안토니는 폭행과 무시가 빈번한 가정에서 자랐다. 안토니의 꿈에는 불안과 무력감이 드러난다. 꿈에서 해골이 그와 누나를 쫓아다닌다.

"해골이 나를 잡아먹으려고 해요. 내가 해골을 죽였지만 누나도 결국 죽고 말았어요."

사실 그의 꿈은 공격, 총격, 폭탄 등 위협적인 상황에서 모든 감정이 드러나는 이미지로 가득하다. 만약 당신이 이 아이가 그린 꿈

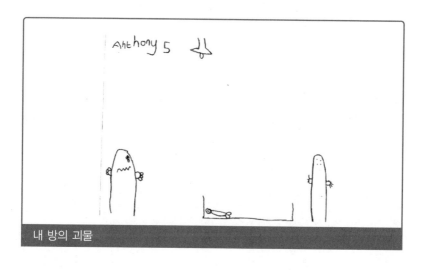

내 방의 괴물

그림을 보았다면 '내 방의 괴물'이라고 했을 것이다. 그는 침대에 누워서 팔 없이 손가락만 밖으로 보이고 있다. 안토니는 지나치게 무기력한 나머지 누구에게도 도움을 받지 못하는 것처럼 보인다. 그의 그림 속의 유령은 귀가 없어서 안토니의 외침을 들을 수 없다. 상징적인 표현을 살펴보면, 누구도 그의 외침을 들을 만한 귀가 없음을 알 수 있다.

앞에서 본 린다의 악몽은 경험처럼 반복된다. 이는 상상력이 가미되지 않은 악몽의 특정 유형인데, 악몽은 실제 있었던 일 이외의 중압감과 예기치 못한 사건이 뒤따른다. 이는 수년간 지속될 수도 있는데, 특히 본인이 과거에 무기력했음을 상기할 때 더욱 그렇다. 캘리포니아 대학교 의과대University of California School of Medicine에 직원으로 있는 레노아 테르Lenore Terr는 캘리포니아 초우칠라에서 세 명의 유괴범에 의해 학교 버스로 단체 유괴를 당했다가 산 채로 묻힌 26명의 아이들을 연구하였다. 그들은 약 27시간 동안 잡혀 있었다. 그 사건이 있은 지 1년이 지나고 또 4~5년이 지난 후 아이들은 5~14세의 나이가 되었지만 여전히 그 외상을 반복하는 악몽을 꾸었다. 게다가 그들 중 다수가 꿈을 꾸면서 실제 걷거나 말하거나 소리치는 특징을 보였다.

시간이 흐르면서 초우칠라 아이들은 유괴당한 꿈을 정교하게 계속 꾸었는데, 어떤 경우에는 기존의 외상이 새로운 외상의 하위 범주에 숨겨지기도 하였다. 그러나 그렇게 위장된 악몽은 여전히 아이들에게 외상경험으로 깊은 영향을 미치며, 그 아픔 또한 정화시켜 주어야 한다는 것을 말해 준다. 심리적으로 압도당하는 일상을 살고 있는 다른 아이들 역시 자신이 죽는 꿈을 꾼다. 테르는 자신이 죽는 꿈과 반복적인 악몽은 외상의 사건을 비롯해 과거에 발생된 사건을 종종 반영함을 지적한다. 또한 이러한 아이들은 더 이상 자신의 무기력함을 인정하고 싶지 않기 때문에 꿈속에서 자기를 죽게 내버려 두는 경향이 있다.

『자녀의 꿈 Your child's Dreams』의 저자이자 미국의 심리학자인 패트리샤 가필드 Patricia Garfield는 영화, TV, 책 등이 과거의 외상이나 스트레스를 되살아나게 하고 아이들을 그 어려움에 다시 직면시킨다고 지적한다. 아이들은 도움을 받을 수 없는 상태에서 옛날에 겪었던 두려움을 다시 느낄 수 있다. 이는 그 기억이 다시 살아나는 것뿐이지 과거의 일들이 명료화되거나 종결되는 것은 아니다.

외상 다루기

아일랜드의 더블린Dublin에 살고 있는 여덟 살의 똑똑한 브리짓은 가족의 비극을 여러 번 경험하였다. 한번은 그녀의 가족과 잘 알고 지내던 한 아줌마가 목을 매고 자살하였다. 이 일로 브리짓의 가족은 오랫동안 슬픔에 잠겨 있어야 했다. 또한 브리짓의 가족은 가정 형편상 영국으로 이사를 갔고, 거기서 브리짓은 새로운 학교에 다니기 시작하였다. 이렇듯 그녀의 삶 전체는 완전히 바뀌었고, 이는 '스트레스 요인'으로 작용하였다. 놀라운 것은 이런 변화가 고작 넉 달 안에 일어났다는 점이다. 브리짓의 꿈은 이러한 삶의 변화를 통해 외상을 드러낸다. 그녀의 가장 행복한 꿈은 동화책에 나오는 이야기처럼 멋진 옷을 입어 보거나 부자가 되는 그런 내용이지만, 괴로운 꿈은 점점 더 어두운 빛을 띠고 있다.

"머리가 두 개 달린 개와 함께 하늘에 떠다니는 남자가 나오는 악몽을 꿨어요. 엄마가 나가 보았지만, 엄마는 그 개가 살아 있다고 생각하지 않았어요. 그러다 결국 그 개 때문에 엄마는 피를 흘리게 되었죠. 그러나 엄마는 필사적인 힘을 이용해 막대기로 그 개를 때려눕혔어요. 하늘 위의 남자는 행복해했어요. 그리고 맨 마지막에 엄마가 죽었고 죽은 머린 아줌마가 나오는 꿈도 꿨어요. 내가 엄마를 구해 올게, 라고 소리 지르면서 말이죠. 머린 아줌마는 나를 해칠 무기도 가지고 있었어요."

브리짓은 죽은 아줌마가 검을 들고 하늘을 향해 곤봉을 휘두르면서 무서워하는 아이를 때려눕힐 준비가 되어 있는 듯한 그림을 그렸다. 어떻게 보면 그 아줌마는 이미 그런 불행을 저질렀는지도 모른다. 왜냐하면 가깝게 지내던 엄마의 친구가 스스로 목숨을 끊은 사실은 어린 브리짓이 생각하기에는 너무도 무서운 사실이기 때문이다. 아이들이 의지하는 어른들이 이런 일을 서슴없이 한다면 아이들은 세상을 이해할 수 있을까? 브리짓은 여전히 조개껍질 속에 웅크린 채로 있는 것과 다름없다.

나는 브리짓과 이 꿈에 대해서 더 이상 다룰 수가 없었다. 그러나 자기 나라와 집, 옛 학교, 옛 친구들과 헤어지면서 느낀 분리와 상실 경험에 대해·이야기를 조금 더 나눌 수 있었다. 브리짓의 꿈에는 원형적인 것이 많이 나온다. 예컨대, 머리가 두 개 달린 개는 신구新舊, 즉 과거와 현재를 보는 '1월January'의 신 야누스Janus와 같다. 고대 신화에 등장하는 개는 삶의 세계와 죽음의 세계 사이에 있는 강을 인간이 건널 때 동반자가 된다. 상징적인 의미를 지닌 곤봉은 여덟 살짜리의 꿈에 잘 등장하지 않는데, 적군을 물리치는 승리가 아닌 결정적인 위기, 완전한 파멸, 인류의 독단적인 경향을 상징한다. 이러한 원형적 이미지가 브리짓의 꿈에 집약된 것은 브릿지의 환경이 그녀의 정신건강에 얼마나 크고 중요한 영향을 미쳤는지를 보여 준다. 그리고 '하늘의 남자'로 보이는 신의 무관심은 자신을 도와줄 수 있는 더 높은 존재가 있지 않다는 것에 대한 두려움을 나타낸다.

미디어가 난도질하다 : '악몽이 나오는 TV'

전 세계에서는 미디어가 아이들에게 미치는 영향에 대해 지대한 관심을 보이고 있다. 특히 미국의 경우 2,500개가 넘는 연구에서 TV 폭력이 시청자의 행동에 어떤 영향을 미치는지에 대해 다루었다. 그 종합적인 증거는 미국의 공공위생국Surgeon General of the USA(대중의 건강 문제를 다루는 미국의 대표적인 공공기관-역자 주)에서 TV 폭력이 어린아이들의 건강에 위협적이라는 결과보고를 유포하는 데 충분한 근거 자료가 되었다. 미국 아이들이 평균적으로 고등학교를 졸업할 때까지는 교실보다 TV 앞에서 보내는 시간이 훨씬 더 많다. 아이들은 19세가 되면 22,000건의 폭력으로 인한 죽음을 TV에서 보는 셈이다.

TV가 아이들의 삶에 지대한 영향을 미치는 것은 틀림없다. 800명이 넘는 아이들을 대상으로 한 영국 내 연구에서도 TV와 비디오가 아이들의 정신세계에 미치는 파장은 가히 놀랄 만하다. 이렇게 마음을 빼앗아 가는 도둑의 습격 때문에 아이들은 악몽을 꾸게 된다.

스위스에서 열린 미디어 연구와 교육에 대한 특별 회의에서 미디어 연구자인 미구엘 레이 토레스Miguel Reyes Torres는 쟁점이 되는 질문 하나를 던졌다. "일을 마치고 집에 들어왔는데 모르는 사람이 당신의 다섯 살, 여덟 살짜리 아이들과 이야기를 하고 있다고 생각해 보라. 당신은 기분이 좋겠는가?" 그 심포지엄은 토레스를 비롯한 라틴 아메리카의 동료들에게 그들의 문화와 가치가 TV를 통한 외국 문화침략으로 어떻게 사라지고 있는지 설명할 기회를 주었다. 예를 들면, 칠레의 50%가 넘는 프로그램이 미국으로부터 유입되었는데, 부모들은 아이들의 TV 시청 시간에 대해 간과하고 있다.

> "이 외계인들이 지구에 와요. 처음에는 저에게 친한 척했지만, 그들은 곧바로 공격을 가해서 나를 제외한 모든 사람을 죽여요. 그 중 하나가 나를 잡아먹었어요. 손부터 시작해서 몸의 위쪽까지 잡아먹혔지만, 나는 멈추게 할 수가 없었어요. 또 외계인들은 각각 뾰쪽하게 나온 귀와 작고 반짝이는 눈이 머리통에 달렸는데 머리는 몸에 비해 엄청나게 컸어요."
>
> -도나(8)

주임 선생님을 대상으로 실시한 어느 설문조사에서 다섯 개의 탁아시설 중 한 곳에서는 무작위 폭력을 경험한 적이 있다고 보고하였다. 뉴욕 대학교의 미디어 환경학과 교수 네일 포스트먼Neil Postman은 미국인들이 일주일에 800개가 넘는 광고에 노출되어 있고 소비자로서 이 영향력은 지대하다고 역설한 바 있다. 뿐만 아니라 TV, 비디오, 영화의 막강한 영향력은 아이들의 악몽에서도 확실하게 나타난다. 무서운 영화를 잠자리에 들기 전에 보게 되면, 그것은 REM 수면 상태에서 불안의 요인으로 작용할 수 있다. 열 살 난 한 소년은 순진하게도 TV에서 본 장면과 자신의 꿈 사이에서 혼란스러워하였다.

사람이 왜 꿈을 꾸는지를 묻는 질문에서 그는 "우리가 악몽이 나오는 TV를 보기 때문이에요."라고 대답하였다.

아주 어린 아이들은 주로 어른들을 대상으로 한 프로그램의 영향력을 크게 받아 불편하거나 꺼림칙한 표시를 보여도 부모들이 그런 신호를 알아차리지 못하기도 한다. 여섯 살의 케인 역시 다음과 같은 악몽을 계속 꾸고 있다.

"비디오, 죽음, 전기 톱날. 사람들이 괴물의 머리를 톱으로 잘라 버렸지만, 그 괴물은 다시 일어나서 잘려진 머리를 주웠어요."

이는 부모님과 함께 보던 TV의 장면이 아이의 꿈속에 그대로 연출된 것이다. 요즘 케인의 꿈은 이러한 압도적인 장면들로 가득해서 잠자리에 들기가 무섭다. 케인의 부모님은 그런 아이의 행동을 이해할 수가 없어서 화를 낸 적이 있다. 케인은 그 영화들이 자기를 화나게 하기 때문에 이제는 죄책감까지 느끼면서 더욱 혼란스러워하였다.

나의 연구에서 아이들은 반복적인 악몽의 원인에 대해 명확하게 말한다. 여덟 살 마샤는 "아빠가 비디오를 고르면 내가 봐요. 그러면 아빠가 고른 비디오가 악몽이 되어서 나타나요."라고 말한다. 열두 살의 리사도 다음과 같은 꿈을 꾼다.

"공포 영화를 보고 나면 악몽을 꾸어요. 나는 방에 가서 꿈을 꾸는데, 어떤 사람이 나를 강간하고 때린 뒤에 기찻길에 던져 버려요."

아이들은 반복해서 TV나 영화 속에서 보았던 것과 직접적으로 연결시켜서 자신들의 악몽을 이야기한다.

내가 『꿈을 꾸는 여성』을 집필하고 있을 때 아이를 걱정하는 한 어머니의 편지를 받았다.

"내 아들 리는 여섯 살인데, 지난 3개월 간 머리는 없고 털이 많은 남자가 자신을 손으로 때리자 그를 베어 버리는 악몽을 계속 꾸고 있어요. 그때마다 리는 울면서 자리에서 일어나는데, 매우 화가 난 것도 같지만 완전히 겁에 질려 있는 상태가 되기도 해요. 그 남자가 우리 아이에게는 진짜 같은가 봐요."

리의 엄마는 너무 걱정이 된 나머지 의사 선생님과 평소 아이가 이야기를 자주 나누었던 선생님께 연락을 해서 그런 남자는 없다며 아이를 안심시켜 달라고 부탁하였다. 두 전문가는 아이에게 아무 이상이 없다고 리의 엄마를 달래면서 "아이가 어떠한 연유로 그런 꿈을 꾸는 걸까요?"라고 물었다. 혹시나 싶어서 아이의 친구들에게 물어보았더니 많은 아이들은 실제로 존재한다고 믿고 있는 프레디에 대해서 이야기해 주었다.

프레디 크루거Freddy Krueger는 〈나이트메어: 엘름 거리의 악몽 A Nightmare on Elm Street〉이라는 영화에 등장하는 레이저 장갑을 낀 주인공이다. 가정용 비디오의 보급은 이렇게 어린아이들이 어떠한 경로를 통해 프레디를 보게 되었는지 그래서 어떠한 영향을 받게 되는지 설명해 준다. 많은 아이들은 사실 프레디에 대해 이야기하고 프레디가 공격하는 것을 보았으며 홈이 달린 그의 손가락을 만져 보았고 그의 목소리와 손톱에서 나는 끽 소리도 들었다고 말하였다.

프레디의 어떤 점이 아이들의 마음을 사로잡은 것일까? 〈타임〉지에 따르면, 프레디가 10대들의 증오 대상인 그들의 아빠를 상징하기 때문이라고 한다. 여기서 설명의 일부는 투사로 볼 수 있다. 투사는 자기가 가지고 있기에는 너무 불편한 감정을 다른 사람이나 사물로 빗대어 표현하는 심리적인 기제다. 즉, 시청자는 내면의 무의식적인 폭력성과 강한 욕망 및 잔인함이 극적으로 표현된 것을 보게 되는 셈이 된다. 아이들과 청소년들은 자기 감정을 다른 사람들에게 투사하는데, 성장과정에서는 이러한 점을 스스로 인식하고 우리를 두렵게 하거나 창피하게 하는 것들을 다루도록 배워 나가게 된다.

아이들은 공포감에 스스로를 노출시키면서 공포에 직면해 두려

프레디

움을 정복하는 방법을 배운다. 이것이 건강한 아이의 모습이라고 할수 있다. 그리고 아이는 허세를 부리기도 하는데, 이를테면 공포영화를 보는 것으로 무서워하지 않는다는 것을 증명하기도 한다. 그러나 이는 더 큰 문제를 야기할 수 있다. 장애아동을 다루는 아동심리학자 발레리 율리Valerie Yule는 외상적인 가족사와 더불어 장애를 겪는 7~8세 아이들의 경우 그것을 이해할 만한 언어도 아직 발달하지 않은 채 TV에 끝없이 등장하는 파괴와 무의미에 노출되어 있다고 말하였다. 이 아이들은 무방비로 폭력에 노출되어 있었지만 그 어디에도 이런 부분을 크게 문제 삼지 않았다. 왜냐하면 아이들에게 폭력은 일상적인 삶의 일부로 받아들여지고 있기 때문이다.

에드거 앨런 포Edgar Allan Poe부터 스티븐 킹Stephen King까지 많은 작가들과 알프레드 히치콕Alfred Hitchcock이나 잉그마르 베르히만Ingmar Bergman과 같은 영화감독들은 악몽과 관련된 작품들을 만들어서 수년간 관객들을 놀라게 했는데, 때때로 공상적인 꿈의 세계를 창안해내기도 하였다. 포와 히치콕, 베르히만은 모두 어린 시절 심한 외상으로 고생하였는데, 그 외상에 압도되고 무력해지는 것을 이미지화했다는 점이 무척 흥미롭다. 심리학자 크리스찬 길레머닐트Christian Guilleminault는 다음과 같이 말하였다.

"관객들은 속수무책으로 공포를 받아들인 나머지 잠을 잘 때 나쁜 꿈을 꾼다. 공포는 전염성이 있다. 사람들은 직접적으로 공포를 느끼지 않아도 공포감을 경험할 수 있다."

따라서 아이들이 폭력적인 영화를 혼자 보게 두어서는 안 된다.

다른 사람들이 그런 영화를 보고 이야기해 줘서 무서움을 전염시키고, 아이는 대리 경험으로 꿈을 꾸기도 하는데, 프레디에 관한 악몽을 꾼 여섯 살 리의 사례가 그러하다. 가령 당신의 아이가 악몽을 꾸었다고 하자. 이때 이런 비디오를 당신의 집에서 보지 않았다면 아이가 친구네 집에서 본 것이 아닌지 살펴보아야 한다.

TV 폭력을 자주 본 시청자들은 사회의 폭력성을 가늠할 때 실제 수치보다 훨씬 더 높다고 생각하고 있다. 미국, 이스라엘, 핀란드, 폴란드, 오스트리아에서 행해진 연구를 살펴보면 아동기의 어느 시기를 기점으로 TV 폭력에 과잉으로 노출되어 아이에게 폭력적인 행동을 야기시키는지를 알 수 있다. 미국 심리학자 로웰 휴스먼Rowell Huesmann과 레너드 에런Leonard Eron은 8~30세의 연령대를 22년 이상 연구한 자료를 가지고 있다. 그들은 그 임계기가 6~11세라는 것을 알아냈다. 침착하게 결론 내리기를 "이 시기에 형성된 아이의 공격적인 습관은 없애기 어렵고, 성인기에도 계속 지속되기도 한다. 또한 공격적인 아동일수록 공격적인 것을 더 많이 보는 성향이 있으며 그것을 봄으로써 공격성을 더 자극받기도 한다."라고 하였다. 이는 특히 학습력이 떨어지는 남자아이의 경우 잘 들어맞는다. 그런 아이들은 TV 폭력을 많이 시청하는 특징이 있으며 평소보다 공격적인 행동을 자주 취하는데, 그들이 보는 폭력적인 프로그램들이 아이의 삶을 그대로 보여 주는 증거가 된다.

휴스먼과 에런은 TV 폭력을 통해 학습된 유아기 공격성은 이후의 지적 능력 발달을 방해하고 실제로 성인기 인지적 성과를 저해한다고 하였다. 또 TV 폭력은 악몽을 유발할 뿐만 아니라 이후 아이의 발달에도 악영향을 준다. 특히 공격성은 학업성취를 방해하고 친구 관계와 선생님과의 관계에서도 어려움을 발생시키며 이로 인하여 또래집단으로부터 더욱더 소외된 나머지 오히려 TV를 더 많이 보는 악순환을 초래한다. 이러한 악순환은 되풀이되는데 TV에 점점 더 고착되어 시청자는 TV에 더욱더 집착하게 된다. 이것이 결국 공격성을 유발시켜 새로운 공격적 도식 혹은 코드가 학습되어 아이의 머릿속에 저장된다. 남자아이의 경우 그 효과는 점차 가중되어 스스로를 TV 등장인물과 동일시하기에 이른다.

야경증

'pavor nocturnus'라고도 불리는 야경증night terrors은 어린 시절에 시작되어 드물게는 청소년기 이후까지 지속되는데 이런 자녀를 둔 부모들은 늘 걱정을 하게 된다. 야경증은 뇌가 어떤 수면 상태에서 다른 상태로 넘어가는 데 장애가 생길 경우 발생한다. 그러나 야경증은 악몽과 다른데, 만일 당신의 아이가 야경증이라면 당신은 생생한 공포를 경험한 아이가 정신이 반쯤 나간 상태로 고함을 지르는 소리에 깰 것이다. 아무리 당신이 아이를 깨우려고 해도 아이는 당신을 알아보지 못하거나 자제력을 완전히 잃을 수 있다.

　야경증의 다른 증상은 거칠게 숨쉬기, 이상한 얼굴표정, 진땀,

무엇으로부턴가 벗어나려고 계속 몸을 움직이는 것을 들 수 있다. 이런 상황이 10~15분 정도 지나야 아이는 점차 안정을 찾고 다시 잠에 든다. 대개의 아이는 아침에 일어나면 밤에 있었던 일을 완전히 잊고 무슨 일이 있었는지를 기억하지 못한다. 그래서 밤 사이 있었던 일을 들으면 놀라기도 한다. 그러나 항상 그런 것만은 아니다. 나는 성인과 아동 모두에게서 자신의 야경증을 기억하는 사례를 본 적이 있다.

아동의 3% 정도만 야경증을 경험하지만, 이 수면장애는 걱정을 사기에 매우 충분하다. 런던의 그레이트 오몬드 스트리트 아동병원 Great Ormond Street Hospital의 자문 정신과의사 브라이언 레스크Bryan Lask의 연구가 이를 뒷받침한다. 그는 부모들에게 아이가 야경증을 경험할 때의 상황을 그대로 관찰하라고 지시하였다. 다섯 번의 관찰세션 후 다음 날 밤 부모는 아이가 야경증을 일으키는 시간이 되기 10~15분 전에 아이를 깨웠다. 그리고 5분 후 아이를 다시 자게 하였다. 이렇게 깨우기를 반복하는 것은 아이가 야경증을 멈추게 하기 위함이다. 이러한 개입을 약 1년 정도 지속하자 야경증이 사라졌다. 그제야 비로소 19명의 아이들이 야경증으로부터 자유로워졌다.

 악몽을 없애는 방법

아홉 살짜리 꼬마 우즈마는 "악몽 때문에 기분이 나빠요."라고 말한다. 우리는 아이들의 기분이 상하는 것을 미연에 방지하는 방법을 찾아야 한다. 이 기법들은 아이들이 자신의 악몽을 이해하도록 도울 것이다. 그러면 당신은 어떻게 하면 되는가? 그 방법은 다음과 같다.

- **경청하기** 무엇보다도 먼저, 아이의 말을 들어야 한다. 아이가 하려는 말을 끝까지 들어 줌으로써 아이의 꿈과 생각과 감정을 존중하는 것을 보여 주라.
- **꿈을 그림으로 표현하기** 아이들은 꿈을 그리는 것을 좋아한다. 그림을 함께 보면서 아이가 제목을 붙이도록 한다. 아이가 무슨 상황인지 설명하게 하고, 어떻게 하면 악몽이 덜 무서울 수 있을지 물어본다. 만약 아이가 기분을 망치는 괴물을 없애는 데 도움이 될 만한 물건이나 사람을 생각해 내면 '힘이 되는 것'을 그려 넣게 해 주라.
- **꿈을 연출하기** 꿈을 재연하는 연극을 한다. 아이가 다른 등장인물들을 포함해서 나쁜 편 역할도 하게 한다. 예를 들면, "괴물이 되어 보니까 어떠니?"라고 물어본다. 아이는 이를 통해 자신의 어떤 부분을 동일시하거나 힘을 갖는 데서 오는 기분을 즐길 수 있다. 아이의 생활에서 화가 나거나 누군가를 몰아내 버리고 싶을 때가 있을 수도 있다. 괜찮다면 아이의 생활과 연결시켜 본다.
- **괴물을 인터뷰하기** 아이가 신문기자나 TV 리포터 흉내를 내어

보도록 한다. 그리고 괴물에게 몇 가지 질문을 하도록 한다. 물론 당신은 아이의 편이 되어서 아이를 보호한다. 아이가 너무 무서워할 경우 괴물이 감옥에 있거나 철장 너머에 있는 시늉을 해서 아이가 안전한 가운데 인터뷰를 할 수 있도록 돕는다. "왜 제인을 쫓아 다니며 괴롭혔니?" "제인에게 원하는 게 뭐니?"와 같은 질문들을 할 수 있게 한다. 그런 다음 아이가 괴물 흉내도 내면서 대답하게 한다. "그저 외로워서 제인과 얘기하고 싶었어요."라고 말하거나 "제인이 나를 무섭게 해서 나도 그런 거예요."라고 대답하는 것을 들을 수 있다. 그럴 때는 아이의 일상생활과 연결시켜 그 관련성을 찾게 해 주라.

- 괴물과 직면하기   괴물이 아이와 당신 앞에 있다고 가정한다. 아이가 괴물에게 어떤 말을 하고 싶은지 물어보고 둘이 함께 그것을 말한다. 예를 들면, "내 꿈에서 나가서 다시는 돌아오지 마!"라고 힘없는 목소리가 아닌 큰 소리로 소리를 질러 말하게 한다.

- '꿈의 궁전'을 강화시키기   여기서 꿈의 궁전은 아이의 방을 말한다. 역사적으로 오랫동안 우리는 자신을 지키기 위해 부적을 사용해 왔다. 고대 이집트에선 신 베스Bes가 악몽으로부터 식구들을 지켜 주는 역할을 하였다. 베스는 웃는 얼굴과 유쾌한 기질로 악몽을 물리쳤다. 뿐만 아니라 고대 그리스인들은 이런 베스의 모습을 침대 머리맡과 베개 밑에 새겨 놓았다. 이와 같이 아이들은 악몽 속에서 그들의 보호자 역할을 하는 즐

거운 등장인물을 만들 수도 있을 것이다.

- 꿈의 수호자를 만들기   꿈의 수호자dream catcher는 미국 원주민들에게서 유래된 것인데 링이나 고리 모양의 것을 실로 장식해 그 가운데를 중심으로 '그물 모양'으로 깃털과 구슬, 다른 장식들을 붙인 것이다. 그들에 의하면 꿈의 수호자는 좋은 꿈을 달아나지 않게 하고 나쁜 꿈을 몰아낸다고 한다. 당신은 꿈의 수호자를 만들어서 아이의 방 창문에 걸어 놓을 수도 있다.

악몽을 이겨 내는 다른 기법도 있다. 이는 노르웨이의 아동심리치료사 토르벤 마너Torben Marner의 『가족치료에서 아이들에게 보내는 편지들Letters to Children in Family Therapy』에서 얻은 아이디어다. 그는 그가 치료했던 어린 여자아이에게 편지를 써서 악몽이 얼마나 우습고 바보 같은 것인지를 설명한다. 편지의 내용은 다음과 같다.

"악몽은 자기가 흥미진진하고 재미있는 꿈이라고 스스로 생각한다. 또한 악몽은 호기심이 무척 많아서 악몽을 속이는 것은 무척 쉽다. 열쇠 구멍이 있는 상자를 가지고 있으렴. 악몽은 그 상자가 궁금해서 너를 귀찮게 괴롭히는 대신 그 상자 안에 들어갈 거야. 하지만 악몽은 멍청하기 때문에 나가는 방법을 찾지 못한다는 거지! 네가 부모님과 함께 교외에 놀러 가게 되면, 거기서 상자를 열어서 악몽을 내보내렴."

이 기법은 꽤 유용하다. 아이는 통제감을 경험하고 부모는 도움을 주는 사람으로 함께 참여할 수 있기 때문이다. 여러 명의 아이들과 이 기법을 사용할 경우 마분지를 사용해서 각자의 '악몽 상자'를 만들게 하고 열쇠 구멍을 내어 상자를 꾸미게 한다. 그런 다음 반짝이 장식과 금실 및 은실 등을 붙이면 더 재미있고 악몽의 주위를 끄는 데 좋다. 이때 반짝이는 별들을 아이의 방 천장에 달아 두면 아이가 어두울 때 방에서 안정감을 얻고 안심할 수 있다.

마지막으로 다음은 아이들이 스스로 낸 아이디어들이다.

"어렸을 때, 대개는 영화를 보고 나면 해골이나 나쁜 사람들에 대한 악몽을 꿨어요. 하지만 요즘에는 자러 가기 전에 스스로 좋은 생각을 하기로 마음속으로 다짐해요. 내가 제일 좋아하는 주제는 여행이에요. 알가르베Algarve(겨울에 따뜻하고 여름에 선선한 경치가 아름다운 곳-역자 주)에 있는 빌라나 스페인에 있는 한적한 해변에서 햇볕에 그을리는 모습이나 캐나다의 새하얀 물……."

　　　　　　　　　　　　　　　　　　　　　　　－매트(12)

"저는 어렸을 때 꿈에 나타나는 무서운 것과 마주치기 위해 일어나기로 결정했고 실제로 꿈에서 그렇게 했더니 무서움이 사라진다는 것을 알게 되었어요."

　　　　　　　　　　　　　　　　　　　　　　　－노엘(15)

"유령과 괴물이 나오는 무서운 꿈을 꾸면 나는 엄마에게 빨리 얘기해 줘요. 그리고 나서 곧장 기도해요."

-케리-엔(9)

"방문에 이렇게 써 놔요. 나쁜 꿈 사절, 착한 괴물과 귀여운 거인들만 오시오."

-자라(10)

아이를 안심시킨 후에도 여전히 아이가 몇 주 이상 야경증을 겪거나 수면장애로 고생한다면 의사의 조언을 구해야 한다. 이때 아이에 관한 여러 가지 문제가 집중적으로 다루어지는데, 이는 아이만이 아니라 당신 스스로를 돕기 위해 필요한 작업이 될 것이다.

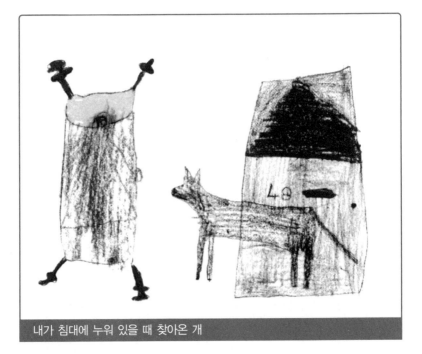

내가 침대에 누워 있을 때 찾아온 개

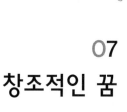

07
창조적인 꿈

꿈, 창조적 표현, 영혼은 분리될 수 없다.

−질 멜릭jill Mellick,

『본질적인 꿈의 예술성The Natural Artistry of Dreams』

꿈은 선물이다. 꿈은 우리가 부르지 않아도 우리를 자유롭게 날게 해 주고, 물속을 휘저을 수도 있게 해 주고 말하는 동물을 만나게해 주는 등 우리가 미처 생각하지 못한 경험을 하게 해 준다. 뿐만 아니라 꿈은 어른들은 물론 아이들의 창의력을 고양시켜 주며 그들의영혼을 노래하도록 만든다.

우리는 꿈을 다룰 때 열린 자세를 가져야 한다. 각각의 꿈은 독특한 특성을 지니고 있으며 우리가 그 고유성을 축복할 때 꿈의 창조적인 길을 열 수 있다. 꿈에서 우리는 상이한 시간의 틀을 가질 수 있다. 이를테면, 우리의 머리는 현재의 나이지만 몸은 지금보다 더 어린아이의 나이일 수 있다. 다시 말해서, 우리는 현재와 다른 성별이 될 수도 있다. 이상한 생명체가 될 수도 있고 죽은 사람과 대화를 나눌 수도 있다.

아동의 창의력을 고양시키기 위해서는 이 모든 것을 예술의 형태, 말하자면 담화, 신화 만들기, 그리기, 색칠하기, 드라마로 표현시켜 볼 수 있다. 아울러 질문과 호기심은 꿈을 창조적으로 다루는 열쇠가 된다. 교육학 연구에 의하면 창의력도 학습된다. 즉, 창의력은 그저 타고난 능력이나 좋은 유전자에서 비롯되는 게 아니라는 것이다. 따라서 우리는 교육을 통해 아이들의 창의력을 길러 주어야 한다.

🌱 아동과 창의력

대부분의 아이들은 융학파의 정신분석가인 마리 루이제 폰 프란츠Marie-Louise von Franz가 일컫는 '결코 무의식적이지 않은 의심no unconscious doubt'을 가지고 있다. 아이들은 충동과 표현을 자체적으로 검열하는 벽을 가지고 있지 않다. 그래서 어린아이들은 자기 방 벽지에 본인의 얼굴을 그려 넣는다. 이유인즉, 그곳이 그림을 그리기에 괜찮은 도화지로 느끼기 때문이다. 친구의 머리를 파랗게 칠하거나 말을 타고 하늘을 나는 그림을 그려도 아이들의 눈에는 전혀 어색하거나 문제되는 것이 없다. 이 시기 아이들의 상상력은 하늘을 찌를 듯 높아지는 것은 물론 머릿속에 떠오르는 뭔가를 표현하고자 하는 욕구가 넘친다. 그러나 그것도 잠시뿐, 이 기쁨을 깨는 사람 혹은 마음이 나타나서 "말은 날지 못해." "머리카락이 어떻게 파란색이야?"라고 말한다. 이럴 때 우리는 아이들이 마구 솟구쳐 표현하는 창의성에 대해 관대해질 필요가 있다. 또한 아이들이 이러한 과정을 즐기고 있다는 것과 아이들은 결과보다 과정에 더 집중한다는 것을 이해해야 한다. 무엇보다 우리는 아이들이 겪는 그 과정을 신뢰해야 한다.

아이들이 꿈을 꾸고 그 꿈을 통해 뭔가를 배울 수 있게 도와주려면 다음과 같은 것들을 할 수 있다.

- 탐험하기
- 놀기
- 존중하기
- 꿈을 체험하기
- 낮에도 꿈을 상상하기
- 날아 보기
- 연관성 찾기
- 몰입하기
- 끄적거리기

- 경험하기

- 꿈의 언어를 개발하기

- 자신만의 상상 목록 만들기

- 꿈속에 나오는 등장동물로 동물원 만들기

- 꿈속에 나오는 등장인물로 미술관 만들기

- 꿈의 풍경을 그리기

- 수수께끼를 좋아하기

- 실험하기

- 만다라mandala를 만들기

- 나만의 꿈 세트장 만들기

- 악몽에 나오는 괴물들을 퇴치할 마스크 만들기

- 꿈 놀이 해 보기

- 생각 공유하기

- 꿈을 미사일로 띄우기

- 꿈을 가장 편한 곳으로 만들기

- 꿈의 신비를 받아들이기

- 꿈의 세계의 무한함을 이해하기

- 즐기기

꿈을 글로 표현하기

문학적 영감

역사를 통틀어 살펴봤을 때 작가들은 꿈에서 풍부한 영감을 찾았다. 시인이자 수필가인 마야 안젤루Maya Angelou와 공포스릴러 작가 클라이브 바커Clive Barker는 미국 작가 나오미 에펠Naomi Epel에게 집필하는 데 있어서 꿈이 영감을 불러일으키는 중요한 역할을 한다고 말한 적이 있다. 나오미 에펠은 『작가들의 꿈Writers Dreaming』에서 창의력을 증진시키기 위해 꿈이 가지고 있는 풍부한 원천에 대해 언급하고 있다.

많은 작가는 꿈에서 이미지와 모티브를 얻는데, 이사벨 아엔데 Isabel Allende와 W. B. 예츠W. B. Yeats도 그러하였다. 그레이엄 그린Graham Greene은 여덟 살 때 난파선이 나오는 생생한 꿈을 꾸었는데, 나중에 그날이 타이타닉이 침몰한 날이라는 것을 알았다. 그의 저서 『어떤 인생A Sort of Life』은 꿈이 그의 인생에서 얼마나 중요한지를 보여 주는데, 이처럼 꿈은 텔레파시적이고 예지적인 측면을 다분히 포함하고 있으며, 특히 재앙과 죽음에 대한 면면들이 큰 관심을 불러일으키고 있다.

로버트 루이스 스티븐슨Robert Louis Stevenson은 꿈속에서 사람이 변신하는 시점을 찾기가 얼마나 어려운지에 대해 토로하였다. "창문 옆에 있는 장면을 꿈꿔요. 거기서부터 두 장면으로 나누어지는데, 한 장면에서는 하이드가 범죄를 구상하면서 탄약을 꺼내자 그의 목표물이 있는 배경으로 장면이 나눠지는 것이에요." 이러한 그의 꿈은 그의 대표작 『지킬박사와 하이드』의 바탕이 되었다. 메리 셸리Mary Shelley 역시 '오싹한 환영' 이 나오는 꿈을 꾸었는데, 그 꿈은 그녀의 대표작 『프랑켄슈타인』으로 대중들 앞에 태어났다.

창의적인 꿈 기록하기

다음은 글을 이용해 꿈에서의 에너지를 표현하는 방법이다.

- 꿈을 원의 형태에 작성하거나 종이의 모서리부터 꿈을 써 나가기 시작한다.
- 각 꿈의 장면마다 다른 색깔의 펜을 사용한다.
- 주요한 꿈의 장면은 템플릿을 사용한다. 집에 대한 꿈이었다면 지붕에 대한 단어들을 써 내려가거나 출입과 관련된 집의 특정 장소 혹은 문과 관련된 단어와 같이 어느 한 부분을 중심으로 전개한다.
- 종이 방향을 대각선으로 해서 꿈을 써 내려간다.
- 종이를 넘길 때마다 꿈도 계속 이어지도록 한다.
- 한 장에는 하나의 꿈만 쓴다. 순차적이든 무작위든 아동이 원하는 대로 써 나갈 수 있다.

- 책으로 만든다. 꿈을 단락별로 나누어 다른 장으로 분류한다. 삽화를 만든다. 그림, 잡지, 삽화, 엽서 그림 등을 모아서 붙인다. 그런 다음 제목을 정한다.
- 자신만의 '꿈 도서관'을 만든다.
- 가장 중요한 단어는 크고 또렷하게 쓴다.
- 각 꿈에서 세 가지 단어를 채택해서 발전시켜 나간다.

"바위로 된 미로에 있었어요. 내 발 아래에는 큰 구멍이 있고, 뒤에서는 누군가가 따라오고 있었어요."

―노엘(10)

　―미로: 나갈 방도가 없음, 미궁, 놀라움

　―바위: 해변, 교외, 암벽 타기, 극복하기

　―구멍: 추락, 『이상한 나라의 앨리스』에 나오는 구멍, 어두운 곳, 지구 심연으로 내려가기

이제 이 단어들을 가지고 이야기를 만들거나 시를 지어 보자. 이것은 꿈을 탐험하고 활용하는 또 다른 방법이다.
- 꿈에서 하나의 등장인물이나 물건이 없어지면 어떤 일이 일어나는가? 그 등장인물, 또는 물건을 통해서 이야기를 전개해 보자.

꿈의 혁신

멋진 발명품들 중에는 꿈에서 영감을 얻은 것도 있는데, 이를테면 아인슈타인의 상대성 이론은 아인슈타인이 어릴 때 썰매를 타고 내려오는 꿈에서 비롯되었다. 아인슈타인은 빛이 굴절되는 것을 보고 그것에 매료되어서 일생을 빛 굴절의 신비를 알아내는 데 바쳤다.

19세기의 마퀴 드 생-드니Marquis de Saint-Denys는 꿈이 새로운 발명을 가능케 한다고 믿었다. 그는 많은 아이들이 좋아할 만한 어느 투명 고양이에 대한 꿈을 다음과 같이 묘사하였다.

나는 고양이가 점차적으로 자기 모습을 잃어 가면서, 빛이 나는 반투명한 모습으로 변하고, 결국 유리처럼 투명한 존재로 변하는 것을 보았지. ……그 고양이는 헤엄을 치고 몸을 뻗어서 생쥐를 잡았는데, 그 생쥐 또한 내가 생전에 본 적도 없는 그런 투명한 존재였어. 이 두 생명체의 기이한 변이과정의 끝은 불행히도 그 잔혹한 적에게 먹혀 버리는 것이었지. 난 이 모든 과정을 보고 말았지 (van der Castle에서 인용, 1994, p. 16).

그는 한 번도 본 적이 없는 동물이었다면서 꿈이 그 동물을 창조해 냈다고 말하였다.

재봉틀 역시 꿈을 통해 발명되었다. 꿈이 아니고서야 오늘날의 재봉틀은 발명될 수 없었을 것이다. 일라이어스 하우Elias Howe는 기능적인 면에서 탁월한 바늘을 디자인하느라 애를 먹고 있었다. 좌절을 거듭하며 거의 포기 상태에 이르던 어느 날 잠이 든 그는 창을 던지는 남자에게 쫓기는 꿈을 꾸었다. 그 남자의 창 끝에는 구멍이 나 있었다. 이를 통해 그는 새 기계의 바늘 끝에 구멍을 내는 아이디어를 얻었고, 이것이 오늘날 재봉틀로 탄생하여 의류산업을 가능하게 하였다.

> "잠이 들면 우리의 상상력은 머릿속에 기억되어 있는 것들을 섞기 시작해요."
>
> －트릭시(9)

예 술

석기시대부터 꿈은 많은 미술 작품에 영감을 제공하였다. 많은 미술가들이 꿈에서 어떤 이미지를 보고 그것을 캔버스나 조각으로 형상화하였다. 어린이 도서에 많은 공헌을 한 영국의 일러스트레이터이자 화가인 아더 래컴Arthur Rackham은 영감을 주는 꿈들이 자신의 수많은 작품의 원천이라고 말하였다. 영국의 시인이자 예술가이며 망상가인 윌리엄 블레이크William Blake에게도 꿈은 지대한 영향을 미쳤다. 그의 그림과 판화의 많은 제목이 이를 말해 주는데, 예를 들면, 〈캐더린 여왕의 꿈〉〈오, 내가 꿈꾼 불가능한 것에 대해!〉〈꿈에서 블레이크에게 미술을 가르쳐 준 사나이〉라는 연필로 그린 인물화의 제목이 그러하다. 또 블레이크는 그의 죽은 형제가 꿈에 나타나 평범하지 않은 판화기법을 그에게 알려 주었는데, 그 기법을 이용한 결과 자신의 명성에 길이 남을 만한 작품들을 탄생시켰다고 한다. 초현실주의 예술가들은 비일상적인 것을 병렬적으로 배치시켜서 평범함을 탈피함으로써 꿈을 의도적으로 재창조한다. 르네 마그리트 René Magritte(초현실주의 작가-역자 주)의 〈겨울비Golconde〉(1953년)가 대표적인 예인데, 이 작품에서는 하늘에서 비가 내리는 대신 영국 신사모를 쓴 남자가 떨어진다. 살바도르 달리Salvador Dali, 막스 어니스트 Max Ernst, 오딜롱 르동Odilon Redon과 같은 화가들도 그들의 작품에서 꿈의 기묘한 세계를 표현하였다.

창의적인 예술 활동

꿈을 콜라주 작품의 기초로 활용해 보자. 꿈의 각 부분을 표현할 모양을 만들어 자른다. 머리는 자기 감정을 나타내는 얼굴, 즉 웃는 얼굴이나 찌푸린 얼굴 표정으로 만들어 보자. 모자는 감지된 권력체계를 나타내는데, 왕관, 학사모, 야구모자, 수사관을 나타내는 셜록 홈스 스타일의 모자 등 여러 가지 종류로 만들 수 있다. 이때 가면은 동일한 의도로 사용하기에 좋다.

꿈과 꿈에 대한 활용의 예는 다음과 같다.

"꿈에서 파티에 갔는데 내 눈에만 늑대가 보이는 거예요. 결국 그 늑대에게 쫓기다가 잠에서 깨고 말았어요."

−애나(10)

늑대한테 쫓기다

크고 굵직한 크레용이나 페인트, 큰 붓, 큰 도화지를 준비한다.

• 왼손과 오른손 중 평소 사용하지 않는 손으로 늑대를 그려 보자. 이는 아이가 완벽한 표상을 나타내야 한다는 마음의 부담감을 덜어 준다. 또한 아이가 기발한 방법으로 에너지를 사용할 수 있도록 돕는다.

• 플라스틱 그릇에 모래를 반쯤 채운다. 아이에게 '너에게만 보이는' 늑대를 그리게 한 후, 다른 사람들도 보게 할지 아니면 자기만 보고 모래로 다시 덮을지를 결정할 수 있게 한다.

- 늑대를 도화지나 카드에 풀을 사용해서 그리도록 한다. 그 위에 모래나 다른 반짝이는 것 혹은 완두콩을 뿌려서 형체가 드러나게 한다.

이 기법은 가시화의 중요성을 나타내기 위한 과정의 일부다. 이 기법은 눈에 보이지 않는 곳에서 발생하거나 유발되는 이미지를 생각할 수 있게 해 주고 아이가 꿈속에서 경험한 것 중 본 것과 보이지 않는 것의 의미를 탐색할 수 있게 해 준다.

동물이 나오는 꿈을 다룰 때 다음과 같은 사항을 고려하면 좋다.

- 거주 형태—그 동물은 어디서 주로 사는가?
- 애완동물인가? 아니면 야생동물인가?
- 무엇을 먹나? 어떻게 먹을거리를 구하나?
- 어떤 털이나 피부를 가지고 있는가?
- 혼자 지내는 동물인가? 떼 지어서 다니는 동물인가?
- 어떻게 돌아다니는가?
- 몇 살까지 사는가?
- 강점과 약점은?
- 다른 동물들과는 어떻게 지내는가?
- 그 동물을 실제로 본 적이 있는가? 아니면 TV에서 본 적이 있는가?
- 그 동물을 묘사한다고 가정했을 때 어떤 표현이 떠오르는가?

꿈을 최대한 활용한다.

- 동물 그림들을 모아서 콜라주로 만든다.
- 집단 활동을 통해 다른 사람들의 꿈에 나타나는 동물 관련 자료를 수집하고 그 동물에 대한 느낌, 동물의 연관성을 찾아보도록 한다.
- 신화나 동화에서의 연관성을 찾을 수 있는가?
- 그 동물의 일생을 탐험하고 도형으로 나타내게 한다.

꿈에서의 이미지를 풍부하게 나타내도록 하는 것은 아이들의 창의력을 자극시킨다. 결국 아이들은 꿈에 나타난 동물을 다른 친구들에게 이야기함으로써 꿈에 대해 한 층 더 깊이 생각할 수 있고 새롭게 발견한 요소들까지 포함시켜 하나의 이야기로 탄생시킬 수 있다.

"침대에 누워 있는데 방 한쪽 구석에서 거미가 나타났어요. 근데 그 거미가 몸집이 점점 커지더니 나를 삼키려고 했어요."

–루스(8)

동화 만들기

꿈은 동화를 발전시키는 귀중한 요소를 만들어 내는 반면, 동화는 아동의 상상력을 자극하고 언어능력을 고양시켜 주며 창의력과 관련된 능력을 키워 준다. 어떤 꿈들은 이미 신화적인 측면을 가지고 있는데, 열두 살 바네사의 경우 이를 확인할 수 있다.

"나는 이상한 섬에 있었어요. 거기에는 폭포가 있고 초록색 잔디가 길게 나 있고 숲이 있고 황금으로 만든 성이 있었어요. 성 안에서는 어떤 어린 하녀가 왕자님과 결혼식을 하고 있었어요. 매일 밤 그 부부는 강가에 앉아서 보름달을 감상했고 나와 올빼미는 나무 위에서 그 모습을 지켜봤어요."

바네사의 꿈은 동화의 큰 개요로 쓰기에 충분하다. 보편적으로 일상적인 꿈에서는 창의성이 쉽게 부각되지 않지만 아이들이 글을 쓰는 데 도움이 되는 기본적인 기법들을 제공하기에는 별 무리가 없다. '나만의 꿈 동화 만들기'를 참고해서 이것을 다음의 닥샤의 꿈에 먼저 적용해 보면 다음과 같다.

"모든 물고기들이 사람들을 지배하는 꿈을 꿨어요. 물고기들은 검을 가지고 있었고 사람들을 죽였는데 그때 저는 잠에서 깼어요."

—닥샤(12)

나만의 꿈 동화 만들기

- '옛날 옛적에'로 동화를 시작한다.
- 시간은 과거로, 장소는 먼 곳으로 설정한다.
- 주인공 이름의 첫 알파벳은 대문자로 쓰되, 의미 있고 중요해 보이는 이름을 지어 준다.
- 나머지는 과장하거나 축소한다.
- 복장과 장소, 사람들에 대한 부연설명을 한다.
- 마술적인 요소를 가미한다―동물들이 말을 한다거나, 사람들이 날아다닌다.
- 도움을 줄 힘 있는 등장인물을 만든다―안내자, 천사, 힘 있는 동물, 묘약 등.
- 대화를 넣는다.
- 새로운 것을 창조하여 재미를 더한다.
- 무엇이든 일어날 수 있도록 솟구치는 상상력을 동원한다.
- 시선을 사로잡는 제목을 정한다.
- 교훈을 더한다. 주인공이 발견한 중요한 것은 무엇인가?

다음은 앞에 열거한 기법을 사용하여 만든 이야기다.

천상의 돌고래들

옛날 옛적에 산 너머 나라에 착하고 마음씨 좋은 아스카드 여왕이 살고 있었어요. 여왕은 핀돌 왕과 함께 흰색 대리석으로 만든 천상의 궁전에서 살고 있었고, 야자수와 하얀 백사장, 잔잔한 청록빛 바다가 궁전을 둘러싸고 있었죠. 그곳에 사는 사람들은 모두 부유했고, 그 나라의 백성들도 모두 행복해했어요. 그들은 잘 익은 과일들을 따 먹으며 바다에서 수영을 했고, 시원한 그늘을 거닐면서 멋진 삶을 살고 있었죠.

그러던 어느 날, 여왕은 간밤에 꾼 이상한 꿈 이야기를 왕에게 했어요. 아주 떨리는 목소리로 말이에요.

"폭풍이 휘몰아치고, 파도가 무척 거세게 해변으로 몰아쳤어요. 저는 너무 무서워서 잠에서 깰 수밖에 없었어요."

왕은 왕비에게 더 이상 그 꿈에 대해서 생각하지 말라면서 여왕을 달랬어요. 그러고 나서 청록색 바다가 보이는 아름다운 침실로 아침 식사를 가져오게 했지요. 두 사람이 갓 딴 망고를 먹고 있는데, 큰 폭동이 일어났어요. 포세이돈이라는 큰 개가 두 사람이 앉아 있던 소파에서 발코니 쪽으로 단숨에 달려갔어요. 큰 개가 짖어 대자 그들의 귀는 모두 멍멍해졌고, 그 개는 용맹한 수호견의 자세를 취했어요. 하인들은 왕과 왕비가 다쳤을까 봐 금세 뛰어왔고, 수호견을 보고는 왕이 내릴 명령을 기다렸어요.

"보세요! 저기 물 위에 반짝이는 것이 보이나요?" 숨이 차는 목소리로 여왕이 말했어요. 그때 핀돌 왕은 바다를 가리키며 말했어요. "거대한 검과

언월도가 하늘을 가르는 것이 보이오."

바다는 더 이상 청록색이 아니었어요. 검정색을 띤 무언가가 떠 있는 오렌지색 파도만이 출렁이고 있었죠. 백성들은 그들을 위협하는 거센 파도에 시선이 고정되어 있었는데, 그때 그 큰 개가 갑자기 짖어 대는 바람에 이 불길한 침묵이 깨지고 말았죠. 그 현명한 개가 그 나라에 대고 크게 소리쳤어요.

"핀돌 왕이여, 적이 가까이 왔으니 당신의 힘을 다시 보여 줄 때입니다."

이 동화는 여기서 각양각색의 내용으로 이어질 수도 있겠지만 이제부터 당신이 그 이야기를 만들어 가야 한다. 닥샤는 여기서 아스카드Ahskad라는 중심인물로 등장하는데 닥샤Daksha의 이름을 거꾸로 쓴 것을 주시해 보자. 왕의 이름 핀돌Phindol은 돌핀Dolphin을 거꾸로 한 것이고 그는 분명히 돌고래가 가지고 있는 명석함과 바다에 대한 지식을 갖추고 있는데, 이는 이 이야기를 해피엔딩으로 결말짓는 데 필요한 요소다. 주술을 부리는 개는 이야기의 결말을 미리 알고 있으며, 우리 역시 일이 잘 풀릴 거라고 기대하게 된다. 당신은 어떻게 꿈을 동화로 만드는지를 설명하는 앞의 도입 부분을 활용하여, 이야기의 후반부를 풀어 나가는 데 기본으로 삼을 수 있다. 나 또한 이 이야기의 후반부가 궁금하기는 마찬가지다.

🌀 신 화

신화와 전설은 세대를 거쳐서 전해 내려온 이야기이자 진실이라고 여겨지는 이야기다. 이유인즉, 신화는 꿈이나 창의성과 관련이 깊고 이는 꿈과 창의성 모두를 동일한 주제로 다루고 있기 때문이다. 많은 고대 신화와 전설은 영웅이 풀어야 하는 수수께끼와 풀기 어려운 숙제를 담고 있다. 이러한 심판은 영웅에게 무거운 책임감을 주면서 또한 큰 대가를 치르게 한다. 조디의 꿈에서도 그러하다.

"악마의 집에서 엄마를 살리기 위해 어려운 문제를 맞혀야 했어요. 저는 기분 좋은 꿈으로 바꾸려고 꿈속에서 계속 노력했어요. 그 꿈이 너무나 무서웠거든요."

아일랜드의 작은 마을에 사는 열두 살 조디는 이와 같이 엄마를 책임져야 하는 꿈을 여러 번 꾸었다. 조디는 엄마가 다리에서 떨어지는 꿈과 엄마를 구하러 바다에 뛰어들어야만 하는 꿈도 자주 꾼다. 심연의 무의식 차원에서 볼 때, 조디는 엄마가 어떤 식으로든 위험에 처할까 봐 두려워하는 성향을 보이고 있고, 엄마가 안전하다는 것을 지속적으로 확인하려는 경향을 보인다고 할 수 있다.

꿈을 소재로 글을 어떻게 써야 할지 추가적인 방안이 더 필요하다면 질 멜릭의 『본질적인 꿈의 예술성』을 추천한다.

성공을 창조하기—꿈을 반복하라

스포츠는 아이들의 꿈에 반복적으로 나타난다. 일곱 살의 질리안에게 가장 행복한 꿈은 반 수영대회에서 1등을 한 꿈이다. 질리안은 자신감을 높여 주는 그 꿈 덕분에 무척 신이 났고, "실제로도 그랬어요."라고 말하였다. 열 살의 존은 수영을 그렇게 잘하지 못했지만 그 역시 꿈은 현실에 도움이 되었다.

"처음 수영을 배울 때, 팔 젓는 방법은 알았는데 너무 빨리한 나머지 몸이 자꾸 가라앉았어요. 어느 날 밤 꿈에서 천천히 팔을 저으니까 몸이 더 이상 가라앉지 않았고 재밌게 수영을 할 수 있었어요. 다음 날 물에 들어갔는데 수영장 반대편 끝까지 수영해서 갈 수 있었어요."

열 살의 앨리슨은 조랑말 타기 대회에서 이기는 꿈을 꾸었다. 앨리슨은 "꿈속에서 너무 신이 난 나머지 꿈에서 깼을 때도 진짜 있었던 일 같았어요."라고 말하였다. 이런 종류의 꿈은 도전과 성공을 반복하는 듯한 기분이 들게 해 아동에게 자신감을 북돋워 준다. 리처드는 '우리가 실제로는 잘 못하니까 만회의 기회를 가지려고' 꿈을 꾼다고 말하였다. 이런 꿈은 스포츠와 관련된 꿈에 국한되지 않는다.

"엄마와 아빠가 이혼했을 때 나는 엄마 아빠가 다시 합칠 수 있게 노력했어요. 꿈에서는 그 계획을 세웠죠."

―피오나(10)

열세 살의 제니퍼 또한 어떻게 꿈이 자기를 도왔는지에 대해 다음과 같이 말하였다.

"꿈에서 나는 내 외모를 더 멋지게 하고 싶었어요. 그래서 꿈속에서 머리를 진짜 예쁘게 손질했고, 다음 날 아침에는 꿈에서 한 머리를 그대로 했죠. 또 다른 꿈에서는 내가 건선이 있어서 그런지 몰라도 어느 날 밤에는 약을 열심히 바르는 꿈을 꿨어요. 그날 이후로는 아침에 일어나면 곧장 약을 발라요."

꿈을 활용하여 미래에 다가올 일을 준비하는 것은 더 이상 새롭지 않다. 나폴레옹은 자신의 꿈을 통해 전투를 준비한 적이 있었다. 깨어 있을 때 그는 꿈을 적어 놓았고 장난감 모형을 사용해서 전투 전략을 시험해 보았다. 그 꿈은 그에게 전쟁에 필요한 단서를 제공하였으며 그는 그 단서를 활용하여 실제 행동으로 옮겼다.

자, 이제부터는 아이들의 건강에 꿈이 어떤 중대한 영향을 미치는지 알아보도록 할 것이다.

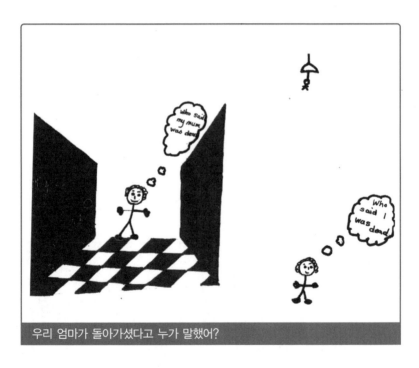

우리 엄마가 돌아가셨다고 누가 말했어?

08
질병과 장애의 영향

제가 아팠던 적이 있는데, 그때 가장 무서운 악몽을 꿨어요. 병
이 절대 안 나을 것만 같았어요.

−비키(9)

수천 년간 인류가 그래 왔듯이 꿈은 신체적, 심리적, 영적 건강
에 영향을 미친다. 인류는 기원전 3000년경부터 꿈을 기록해 왔으며
질병의 진단과 치료에 그 기록을 사용하였다. 고대 그리스와 이집트
에서는 꿈을 통한 치료를 감행해 왔는데 그 당시 사람들은 영감을
얻기 위해 혹은 신을 만나거나 치유의 꿈을 꾸기 위해 특별한 신전
에서 잠을 청하기도 하였다. 근대의학의 아버지인 히포크라테스와
아리스토텔레스, 플라톤은 꿈을 통해 정신과 육체의 보이지 않는 작

용이 드러난다고 여겼다.

고대 그리스 사람들은 질병의 예측과 진단은 물론 치료에도 관심이 많았다. 이 당시에는 420개의 아스클레피오스(의술의 신-역자 주) 신전이 그리스의 전역에 급속도로 생겨났으며 누군가가 아프면 그 신전에 가서 의식을 행하고 신성한 방에 들어가서 치유의 꿈을 꾸기를 기다렸다. 고대 그리스인들은 의술의 신인 아스클레피오스가 꿈에 나타나 병을 치유해 줄 것이라고 믿었다. 오늘날 그 신전들은 모두 무너졌지만 병을 낫게 하는 꿈의 능력만은 건재하다. 몸의 변화는 뇌가 깨어나 활동하기 이전에 무의식에 저절로 기록되고 이런 잠재의식의 변화는 '환자'가 어렴풋이 낫고 있다는 느낌을 알아채기도 전에 가족, 친구들 또는 의사의 꿈에 나타나기도 한다. 꿈은 만성질환에 대한 경고이자 인간이 깨어 있을 때 억누르고 있던 감정에 직면하도록 돕는 역할을 하기도 한다.

아플 것을 미리 경고하는 꿈을 '예지Prodomic몽'이라고도 부르는데 이는 고대 그리스어의 '미리 일어나는'에서 유래되었다. 열두 살 토니는 아프기 이틀 전에 이를 경고하는 꿈을 꾸었다. 뉴욕에 있는 로체스터 대학교 의료센터University of Rochester Medical Center의 로버트 스미스Robert C. Smith는 생명에 치명적인 질병을 앓고 있는 성인 입원 환자 대상의 연구를 통해 꿈이 생리적인 작용에 반응한다는 것을 밝혀냈다. 쉽게 말하면, 이것은 위독한 환자들은 전혀 다른 유형의 꿈을 꾼다는 것을 뜻한다. 예를 들어, 남자의 경우 꿈에서 죽음이 자주 출현하는 데 비해 여자의 경우 분리에 대한 주제가 더 많이 등

장한다. 그렇지만 죽음에 관한 꿈이 치명적인 병을 초래하는 것은
결코 아니다!

> "제 생일 바로 전날 밤 꿈에서 병원이 나왔는데요, 병실에는 내
> 가 아는 사람이 누워 있었어요. 다음 날 방과 후에 집에 돌아와
> 보니 이웃집 지타 아줌마가 팔이 부러져서 병원에 계신다는 소식
> 을 전해 들었어요. 나는 그 사실이 진짜인지 확인하러 병원으로
> 갔어요."
>
> ─매튜(9)

매튜는 지타 아줌마가 다치기도 전에 자신이 그 꿈을 꿨다는 사
실이 무척 신기하였다. 매튜의 잠재의식이 지타 아줌마가 다칠 수
있는 위험을 사전에 알아냈는지는 모르겠으나, 여기서 중요한 것은
많은 아이들이 예지몽Precognitive dreams을 꾼다는 사실이다. 이는 10장
에서 상세히 다루도록 하겠다.

 아동기 질환

아이들은 고열에 시달리거나 열이 나는 증상이 있을 때면 더더
욱 꿈을 생생하게 잘 기억해 내는데, 더러 왜곡된 부분도 있다.

"저는 특히 몸이 아팠을 때 사람들의 얼굴이 꿈에 나타나요. 퉁퉁 부은 얼굴, 매우 작은 얼굴이 머릿속을 떠다녀요. 그 얼굴은 엄마나 아빠같이 내가 아는 사람들의 얼굴이에요. 꿈속에서는 크고 작은 얼굴들이 떠다니는데, 잠에서 깨고 나면 온몸이 땀으로 흠뻑 젖어 있어요."

—아나스타샤(12)

불과 관련된 주제는 아이들이 고열로 시달리고 있을 때 가장 많이 등장한다.

"내 몸이 불타고 있는데, 불길에서 나오려고 애를 쓰다가 잠에서 깼어요."

—베치(11)

"아플 때 종종 꿈에서 모닥불과 시계가 나와요. 내가 그 시계 속으로 날아가는 데 숨을 쉴 수가 없었어요."

—던컨(9)

신체적 증상은 아이들의 불안을 나타내는 화염의 이미지로 해석된다.

수두

수두는 아이들이 주로 겪는 불쾌한 병으로, 나의 세 아이 모두가 겪은 병이기도 하다. 다섯 살된 딸은 '수두'가 올라오는 것을 보고 절대 없어지지 않을까 봐 무서워하였다. 그래서 나는 따가운 수두 자국들이 조만간 사라질 것이라며 딸아이를 안심시켰는데, 이렇게 하기까지가 여간 어려운 일이 아니었다. 일곱 살 샤를롯은 수두에 걸렸을 때 세상에서 가장 무서운 꿈을 꾸었다고 하였는데, 그 꿈은 샤를롯의 신체적 질병을 나타내는 꿈이었다. 샤를롯은 큰 괴물이 나오는 꿈을 꾸었는데, 그 꿈은 다음과 같다.

"꿈에서 발을 내디딜 때마다 땅이 무너졌어요. 그래서 다른 땅을 디디면 그 땅이 또 무너졌어요."

샤를롯의 이러한 꿈은 밤새 계속되었고 잠에서 깨어났을 때는 늘 '충격'에 휩싸이곤 하였다.

편두통

심리학자 메레디스 사비니Meredith Sabini는 질병에 관한 연구가 관절염, 암, 편두통, 합병증처럼 다양하듯이, 꿈에서 일어나는 질병의 경과와 그에 대한 환자의 태도에 관한 이해 역시 다양하게 연구되어야 한다고 말하였다. 특히나 편두통은 어렸을 때 시작되기도 하는데, 꿈은 종종 편두통이 만성이 될 가능성을 보여 준다. 미국인 상담가 가일리 헤더-그리너와 동료들Gail Heather-Greener and her colleagues의 연구에 의하면 두통이 있기 전의 꿈은 분노, 불행, 공포, 공격성을 포함한다고 한다. 당신이 아이의 꿈에 대한 이야기를 주기적으로 듣게 되면 편두통을 예고하는 꿈의 패턴을 미리 알아차릴 수 있다. 만일 꿈의 패턴을 미리 알아냈다면 당신은 아이의 편두통을 예방하거나 편두통이 덜 심하도록 도울 수 있다.

간질

프란이 처음 이 꿈을 꾸었을 때는 다섯 살이었다.

"그 장갑은 생전 처음 보는 것이었어요. 내가 있는 쪽으로 점점 다가오는데 마치 요술 장갑처럼 움직였어요. 처음엔 장갑이 재미있어 보였는데 곁으로 오는 순간 갑자기 내 목을 조이기 시작했어요. 그리고 나서 나를 공중으로 던지더니 다시 내 목을 조이기 시작했어요."

프란은 간질이 처음 발병한 후 이 꿈을 7년 동안 반복적으로 꾸었다. 발작을 할 때마다 그녀는 이 꿈을 계속 꾸었다고 하였다. 이 꿈은 상징적으로 프란이 발작하는 동안 숨쉬지 못하는 상태임을 보여 준다.

"아프게 되면 내가 숨을 쉴 수 없는 박스 안에 갇히는 꿈을 주로 꾸어요."

-케이티(10)

어린 시절의 간질 발작은 종종 밤에 나타난다. 해롤드 레비탄 Harold Levitan은 무서운 꿈이 발작을 유발하는 원인 중 하나라고 연구 결과를 통해 밝혀낸 바 있다. 아이들은 특히 스트레스를 유발하고 갈등을 많이 느끼게 되면, 밤새 뒤척이는 꿈을 꾸게 되고 다시 그 꿈은 간질 발작을 유발하게 된다. 신체적 요인은 분명히 발병의 중요한 요소다. 그러나 심리적 요인이 보다 결정적이라고 알려져 있다. 무엇보다도 아이와 부모의 관계가 연관성이 있다고 알려져 있다. 남자아이가 여자아이보다 간질에 걸릴 확률이 2배 더 높은데, 이는 아이들의 공격적인 감정과 마음속 깊은 갈등과 관련되어 있다. 즉, 꿈에서의 과격하고도 공격적인 표현은 아이들이 간질 발작을 일으키는 데 영향을 미친다.

만약 아이들이 이러한 감정을 낮 시간에 표출한다면, 아이들이 밤에 간질 발작을 일으키는 것을 예방할 수 있다. 아이들이 사랑이라는 감정에서 화라는 감정까지, 또 슬픔이라는 감정에서 기쁨이라는 감정에 이르기까지, 인간은 다양한 감정을 가지고 있다는 것을 받아들이도록 어른들이 도와주어야 한다. 이렇듯 아이들의 성장과정은 이러한 감정을 어떻게 표현하고 긍정적으로 경험하는가를 수반한다고 볼 수 있다.

🌙 아픔의 이미지

색과 모양이 추상적인 형태로 등장하는 꿈은 아이들이 아플 때 자주 꾼다. 아이들은 여러 가지 색이 '회오리바람처럼 도는' 꿈을 꾼다. 어떤 아이들은 '글자들이 침실 벽지에 보이거나' 커다란 알파벳 대문자가 나오는 꿈을 꾸기도 한다. 열한 살 앤드루는 아플 때 이러한 형태를 지닌 꿈을 자주 꾸는데, "하얀 벽지에 빨강, 보라, 초록 등 다른 색 반점들이 나오는 꿈을 꿔요."라고 말한다. 아마도 우리가 아프면 평소 물건이나 생각을 분명하게 식별하던 능력에 이상이 생겨 판단력이 불확실해지거나 정신이 산만해지는 것 같다.

열한 살 잉그리드는 아플 때마다 꾸는 꿈이 있는데 이는 그가 훨씬 어렸을 때부터 꾸던 꿈이다. 잉그리드의 꿈에도 어두운 배경에서 회전하는 원들이 나온다.

> "갑자기 너무 밝아져서 주변을 볼 수가 없었어요. 밝은 색깔의 삼각형 틀 쪽으로 가고 있던 나는 그 삼각형에 부딪히기 직전에 잠에서 깼어요."

때때로 어떤 색은 위협과 관련이 있는데 열두 살의 앨리슨도 그것을 알고 있었다. 다음은 앨리슨이 가장 어린 시절에 꾼 꿈 이야기인데 그녀는 아플 때마다 이 꿈을 반복해서 꾼다고 하였다.

"나의 Mr Men(여러 표정의 영국 캐릭터-역자 주) 커튼 디자인이 여러 색깔의 얼룩으로 변해서 내 쪽으로 튀어나오고 있었어요. 그 뒤에는 소리 내어 웃는 사람이 있었고 항상 커다란 베이지색 종이가 있는데 그 큰 종이가 얼룩지고 까매져서 나는 늘 화가 났어요."

열한 살의 케빈은 처음엔 돌멩이였던 것이 나중에는 돌덩이가 되어 언덕 위에서 굴러 떨어졌는데 그 밑에 자신이 밧줄로 묶여 있어서 움직일 수 없는 꿈을 반복해서 꾼다. 매번 돌에 부딪히기 직전에 케빈은 잠에서 깬다. 이런 양상의 꿈은 우리가 아프기 시작하면 얼마나 무기력해지는지를 잘 보여 준다. 케빈은 돌사태를 막을 수 없다. 마치 우리가 몸이 아프면 병균과 싸울 힘이 없듯이 말이다. 아홉 살 데이비드의 꿈 역시 병의 침투를 다른 양상으로 볼 수 있는데, 데이비드는 '초록색 먼지가 사방에 널려 있고 초록색의 질퍽질퍽한 진흙이 나무에서 떨어지는 섬'을 배경으로 한 꿈을 꾼다.

 죽음에 대한 공포

"아플 때 나는 죽는 꿈을 꿔요."

-캐시(10)

열한 살 데리는 내가 이 책을 쓴다는 사실을 알았을 때 존경의 마음을 담아 다음과 같이 간청을 하였다. 데리는 부모님께 이 말을 꼭 하고 싶었다고 한다. "아이들은 몸이 아프면 진짜 무서운 악몽을 꿔요."라고 말이다. 데리는 아플 때만 악몽을 꾼다. 간혹 죽는 꿈도 꾸는데, 이는 아이들이 몸이 좋지 않을 때 많이 꾸는 꿈이다. 어른들은 질병이 아이들에게 미치는 영향을 간과한다. 즉, 우리는 아이들이 금세 회복할 것이라고 당연시 여긴다. 그러나 아이들에게 새로운 경험은 미지의 세계이자 무서운 세계다.

> "나는 내 친구들이 많이 아픈 꿈을 꾸는데 심지어 친구들이 꿈에서 죽기도 해요. 그 꿈은 너무 진짜 같아서 깨고 나면 난 울고 있어요."
>
> —발레리(10)

> "목이 아팠을 때 내 편도샘을 내가 삼키는 바람에 질식하는 꿈을 꾸었어요. 그리고 나서 내가 죽는 꿈을 꾼 적이 있는데 목에 뭔가가 걸렸는데 마실 게 전혀 없어서 죽은 거였어요. 나는 얼굴이 새파랗게 질려서 죽어 있었어요."
>
> —켈리(11)

전염병이 어떻게 퍼지는지를 간단히 설명해 주는 것이 어쩌면 켈리에게는 더 필요할지도 모른다. 목이 부어서 질식할 것 같아도 공기는 다른 방법으로 몸 안으로 들어갈 수 있고 편도샘은 꿈에서처럼 몸과 분리되지 않는다는 사실을 아는 게 켈리에게는 필요하다. 이처럼 별것 아닌 것 같은 사실이 가끔씩 아이들에게 도움이 되기도 하는데, 아이들은 신체의 다양한 조직에 대해 지극히 무지하다.

아플 때 죽는 꿈을 꾸는 것은 아이들에게 결코 특이한 일이 아니다. 그러나 그러한 두려움은 너무 쉽게 무시된다. 소아과 과장인 의사 사이먼 유드킨Simon Yudkin은 〈랜셋Lancet〉에 실린 '아동과 죽음'이라는 기사의 사설에서 이렇게 말하였다.

"병에 걸린 어떤 아이들은 죽는 것을 두려워한다. 그 아이들에게 자신들의 두려움을 표출하고, 죽음이 스스로에게 어떤 의미인지를 말할 기회를 주어야 한다. 이러한 기회는 그들의 두려움의 근원을 좀 더 명확히 하고 안심할 수 있게 해 준다."

아플 때 꾸는 죽음과 관련된 꿈의 분위기는 음울하다. 열세 살 샹테는 작별인사를 하지 못하고 죽는 꿈을 꾸는 반면, 가레스는 자신의 관과 장례식에 대한 꿈을 꾼다. 열두 살 타비타 역시 자기 재산을 모두 부모님께 남겨 드리는 꿈을 꾼다. 타비타는 몸이 아프면 항상 죽음을 생각하는데, 그때마다 "낮에 죽는 거에 대해 계속 생각하기 때문에 꿈에도 그게 나오는 거예요."라고 설명한다.

아플 때 죽음에 대한 꿈을 꾸는 것은 대개 부정적인 영향을 미친다고 알려져 있는데, 열세 살 샐리의 경우는 예외다. 샐리가 꾸는 죽음과 관련된 꿈은 아플 때 절대 죽지 않는 '재미있는 꿈 중 하나'이기 때문이다. "잠에서 깨면 얼른 나아야겠다는 마음이 들어요." 꿈은 샐리가 투병생활을 잘 할 수 있도록 용기를 북돋워 주고 이러한 투병에 대한 의지는 샐리가 완전히 회복하는 데 결정적인 역할을 한다.

🌀 사랑과 묘약

열두 살의 케이티는 어떤 꿈에서 자신이 죽어 가는데 유일한 치료약은 엄마의 뽀뽀였다고 한다. 키스의 힘이 그녀의 아픔을 완화시켜 준다는 것을 기억한 것일까? 케이티는 자신을 낫게 해 줄 엄마의 능력에 대해서 더 알고 싶어 하는 모습이다. 다른 아이들은 또 다른 방식으로 '꿈 치료'를 믿는다.

열한 살 클레어는 소원을 들어주는 요정에 대한 꿈을 많이 꾼다. 독감에 걸렸을 때 그녀는 한 요정이 창문으로 들어와서 요술 가루를 뿌리고 가는 꿈을 꿨다. 클레어는 "아침에 일어났는데 신기하게도 독감이 다 나았어요."라고 말하였다. 일곱 살 베다니는 천국에 가서 할아버지를 만나는 꿈을 꾸었는데 그 후 마음이 한결 가벼워졌다. 사랑하는 사람의 관심을 얻는 것은 아이들에게 중요한 일이며 특히 아픈 아이들의 경우 더욱더 그렇다. 꿈에 나온 사람이 죽은 사람인지 아닌지는 아이들에게 별로 중요하지 않다. 아이에게 중요한 것은 그 사람의 사랑을 받고 있음을 느껴 불운을 이겨 내는 부적을 가지고 다니듯이 그 사랑을 항상 안고 사는 것이다. 우리가 아이들에게 주는 사랑이 아이들과 우리 모두에게 가장 효과적인 명약이다.

열한 살의 크리스는 꿈이 치료에 효과적이라고 믿는다.

"병이 낫는 꿈을 꾸었는데요, 그 꿈은 대개 어떤 것과 연결되어 있었어요. 예를 들면, 팔이 부러졌을 때 나는 역도선수가 되는 꿈을 꾸었어요."

이 꿈은 크리스의 팔을 튼튼하게 해 주는 것은 물론 크리스 역시 꿈이 회복을 돕는다고 믿는 듯하다. '꿈 재연하기'는 아동들에게 적합한 기법이다. 아이들에게 힘을 주고 전인적인 건강이라는 측면에서 질병은 몸과 마음을 합쳐서 이겨 내야 한다는 중요성을 일깨워 준다. 이와 유사하게 아홉 살의 저메인은 전사 꿈을 꾸는데, 그 꿈이 병을 꼭 이길 수 있다는 자신감을 준다고 하였다.

많은 아이들의 꿈에는 의사와 치료에 대한 불신이 드러난다. 아이들은 의사나 먹고 있는 약이 자기를 죽일 거라는 꿈을 꾼다. 아동이 이 같은 꿈을 말할 때 당신은 아이에게 약의 효과를 설명해 주고 아이를 확실하게 안심시켜야 한다.

🌀 외로움

병은 아이들을 다른 사람들과 격리시키는 역할을 한다. 이는 단순히 물리적인 고립만을 뜻하는 것이 아니며 아픈 사람은 일상생활을 원활하게 할 수 없으므로 병은 사람을 허약하게 만든다. 아이들은 병의 이러한 측면을 지나치게 염려하기도 한다. 일부 아이들의 경우 시간 개념이 덜 발달해서 질병이 영원히 지속될 것이라고 느끼기 때문이다. 당신은 아이들을 매일 안심시키고 그때그때 병의 진전 상황을 말해 주어야 한다. 열한 살의 샤이스타는 병을 앓고 있을 때면 쉽게 '유괴당한' 듯한 기분을 느낀다.

"아프면요, 아주 나쁜 병에 걸리게 하는 무서운 꿈을 꾸어요. 한번은 저를 유괴한 아저씨와 치아를 바꿔야만 하는 꿈을 꾸었어요. 그런데 이가 계속 빠지는 거예요. 그래서 저는 강력접착제를 사용해서 이를 붙여야만 했어요."

샤이스타는 자기 치아를 포기하도록 강요받았는데 '치아'는 상징적으로 힘을 의미한다. 샤이스타는 '타인'의 치아를 사용하게 되는데 여기서 타인은 의사를 의미하는 걸까? 그게 무엇이든 누구든 샤이스타가 '치아'를 가지려면 부수적인 도움이 필요하다. 그러나 샤이스타가 해결책을 꼭 찾으려 한다는 점에서 그의 꿈은 긍정적인 분위기를 연출한다. 말 그대로 샤이스타는 강력접착제로 이를 붙였다.

병원

"무릎에서 고름이 자꾸 나오는 바람에 병원에 입원했어요. 그걸 다 빼내려고 의사 선생님들이 나를 수술대로 데려가 마취제를 놓

아서 잠들게 했죠. 꿈에서 잠이 들었는데 의사 선생님들이 톱으로
내 다리를 자르려고 했어요."

                                                  −젬마(11)

어떤 아이들은 병원에 가는 것을 무척 걱정한다. 그들은 자기가
사랑하고 신뢰하는 사람들로부터 격리되어 익숙하지 않은 환경에
처해진다고 느끼기 때문에, 신체적으로 다치거나 변화되는 것에 대
한 두려움을 느낀다. 아이들의 이러한 점이 새로운 발견은 아니다.
1945년 데이비드 레비David Levy 박사는 아이들이 수술 후 같은 악몽
을 계속 꾸는 점을 가장 먼저 지적한 소아 정신의학자child psychiatrist
다. 레비 박사는 수술 상황의 영향을 '전쟁 상황'에 비교하면서, 두
상황 모두 심각한 외상이 악몽의 형태로 나타날 수 있다고 언급하
였다.

심리학자 린디 버턴Lindy Burton은 세 살 적 경험으로 되돌아가는
열아홉 살 여학생의 반복되는 악몽에 대하여 설명하였다. 이 여학생
은 당시 맹장염으로 응급수술을 한 것이 자신을 신체 불구자로 만들
것이라고 믿었다. "많은 어린아이가 설명을 듣지 못하여 병이나 치
료과정을 두려워하는 것처럼 이 여학생 역시 그 수술이 자기가 모르
는 사이에 영구적인 상처를 남길 것이라는 상상을 전개한 것이다."

아이들은 수술에 대한 온갖 두려움을 갖고 있다. 예를 들면, 마
취제가 자신을 죽일 거라고 믿거나 간호사가 치료에 꼭 필요한 것인
양 안 좋은 약으로 자신을 해치려 한다고 말이다. 이러한 두려움이

지속되면 후에 직접적인 언어로 표현되거나 간접적인 행동으로 드러나게 된다. 아이들이 절대 아프지 않다면서 울고불고 떼를 쓰며 벌벌 떨 때, 구석에 숨으려고 할 때, 사람들과 떨어져 있으려고 할 때 등이 그러하다. 이와 유사하게, 아이들이 평소에는 그렇지 않다가 갑자기 온몸이 땀으로 범벅이 되어 이불까지 다 축축해진다면 이는 괴로움을 신체의 변화로 표현한다고 볼 수 있다. 마찬가지로 꿈에도 이러한 감정이 반영된다.

이렇듯 분노를 폭발하거나 외면하는 식의 행동은 두려움에 대한 반응으로 아이들이 고통을 겪고 있다는 신호다. 아이들은 병으로부터 자신의 몸이나 생활을 더 이상 보호할 수 없다는 심각한 무력감을 느낄 수 있다. 이는 매우 강한 공포감으로 이대로 내버려 두면 아동이 희망을 완전히 놓은 상태에 빠질 수 있으며 건강을 회복하는 데 부정적인 영향을 미치게 된다. 면역체계를 연구한 영국의 생물학자 폴 마틴Paul Martin 박사는 그의 저서 『병든 마음The Sickening Mind』에서 병을 이기려는 심리적 의지가 병을 퇴치하는 데 높은 성공률을 가져오는 반면, 수동적으로 병을 이해하려는 마음가짐은 회복이라는 측면에서 불리한 상황을 초래한다고 밝히고 있다. 아이들이 긍정적인 자세로 병을 극복할 수 있도록 돕는 것은 아이들이 삶을 살아가는 데 건강을 물려주려는 하나의 전략이다.

이 장을 읽는 많은 부모는 앞에서 설명한 바와 같이 자녀가 화를 내는 경우를 동감할 것이다. 아이들은 이따금씩 엄마에게 분노를 쏟아붓기 쉬운데, 엄마가 뭐든 할 수 있고 모든 상황에서 자신을 지켜 줄 거라고 기대하기 때문이다. 아이들은 무의식적인 실망감이 들면 가장 친밀한 사람에게 그것을 표현한다. 엄마는 자신이 아픈 것을 낫게 하거나 수술을 받지 않게 막아 주지 않았고 결국 자신을 낯선 사람들이 있는 곳에 방치했다. 따라서 아이들에게 엄마는 실패한 존재로 각인된다.

마들렌 페트릴로Madeline Petrillo와 설가이 생거Sirgay Sanger는 『입원한 아이들의 마음 돌보기Emotional Care of Hospitalized Children』에서 다섯 살 루스의 사례를 다루었다. 루스는 미국에서 심장병 수술 이후 악몽을 연이어 꾼다. 루스는 수술 후 48시간의 집중적인 치료를 받고 퇴원했는데 그 후부터 악몽 때문에 잠을 안 자려고 하였다. 루스는 수술의 무서운 경험을 되풀이하면서 꿈에서 자신이 겪은 경험을 극복하고자 하였다. 짐작건대, 꿈속에서도 수술할 때와 같이 무감각한 느낌이었을 것이다. 약물치료를 병행하면서 곧 나을 거라고 루스를 달래 보았지만 수면장애를 해결하는 데 도움이 되지 않았다. 그래서 루스의 엄마와 간호사들은 놀이 활동을 통해서 이 문제를 해결하려고 힘을 모았다. 루스는 한 소녀가 병원에 가는 상상을 함으로써 꿈에서 나타나는 공포에 직면할 수 있도록 도움을 받았다. 이는 어떻게 루스에게 도움이 되었을까? 루스는 그림을 몇 장 그려 넣은 작은 책자를 만든 후 어떤 일이 그 소녀에게 일어날지를 설명하였다. 또 루스는 특별한 인형에게 장난감 주사를 셀 수 없이 많이 놓고 가슴에 튜브를 꽂았다 뻬었다를 반복하면서 놀았다. 때때로 그녀는 의사나 간호사가 되어 보기도 하고 환자가 되어 보기도 하였다. 그러자 이틀

만에 루스의 악몽은 사라졌다.

병원 입원 후 어떤 아동들은 수면장애를 겪기도 한다. 보통 병원 관계자들은 이러한 문제를 미리 얘기해 주지 않기 때문에 부모들은 이에 대한 준비가 사전에 되어 있지 않다. 따라서 회복과정의 일부로 아이들의 꿈 이야기에 귀를 기울여야 한다. 그들에게 무엇이 두려운지 이야기하게 하고, 그것을 그려 보게 하고, 놀이로 표현할 수 있게 해 보자. 사랑과 관심과 인내가 함께한다면, 루스 엄마의 경우처럼 아이들이 능동적으로 두려움에 직면하게 하는 것은 물론 악몽을 떨칠 수 있는 원동력이 된다.

 ## 장애아동의 꿈 표상

시각적 손상

어린 시절 마조리는 악몽과 야경증에 시달리곤 하였다. 현재 의사인 그녀는 그때를 회상하며 이렇게 이해하고 있다. "어렸을 때 제가 겪은 악몽과 야경증은 심한 근시로부터 비롯된 것 같아요. 부모님 중 누구도 심한 근시가 없어서서 부모님은 내가 안경을 벗고 잠자리에 들면 모든 사물이 커 보이고 흐릿하게 보이면서 일상적인 물건도 공포의 대상이 된다는 것을 모르셨어요." 혹시 당신의 자녀가 근시라면 이런 말을 새겨들을 필요가 있다.

눈이 먼 아이들이나 장애가 있는 아이들은 일반 아이들과 비슷한 꿈을 꾼다. 그 아이들 역시 TV 만화 캐릭터나 동물과 가족, 날아가거나 소망이 이루어지는 꿈을 꾸고, 악몽도 꾼다. 뿐만 아니라 또래 아이들처럼 아픈 것과 관련된 꿈도 꾼다. 그러나 이 아이들의 장애는 이들의 꿈의 본질에 분명히 영향을 준다.

5~7세에 시각을 잃은 아이들은 시각적 심상이 살아 있고 REM 수면을 취할 수 있으나, 5세 이전에 시각을 잃었다면 조지프 자스트로Joseph Jastrow가 1888년에 지적한 바와 같이 시각화된 꿈을 꿀 수 없다. 선천적으로 시각을 잃은 경우에 시각화는 불가능하기 때문이다. 이러한 아이들은 촉각적, 청각적 언어로 꿈을 묘사한다. 시각장애아동을 위한 특수학교에서 만난 아이들과의 인터뷰는 이러한 견해를 지지한다.

열세 살 샤자드는 오직 낮에만 볼 수 있는데 그는 다음과 같이 말했다.

"어젯밤 유령의 집이 꿈에 나왔는데요, 흡혈귀들과 유령들을 보았어요. 제가 겁먹고 기절을 하니까 어떤 사람이 저를 데리고 갔어요. 일어나 보니 많은 흡혈귀들이 저를 개구리로 만들려고 했어요. 저는 마술책을 찾아내서 '아브라카다브라 호쿠스 포쿠스'라고 주문을 외운 뒤 뱀파이어들을 해골로 바꾸어 놓았어요. 저는 그 해골들이 삐걱대는 소리에 잠에서 깨어났어요."

샤자드의 기본적인 자신감은 꿈에서 위험이 닥칠 때마다 탈출할 수단을 찾는 방식에서 드러난다. 샤자드는 기분 좋은 꿈을 꾸면 엄마에게 말하고 엄마는 그때마다 "매우 멋지구나."라고 대답해 주었다. 그러나 다른 꿈들을 꾸면 '엄마는 무서운 것들은 별로 안 좋아할 거야.' 라고 생각하고 엄마에게 말하지 않았다. 학교의 또 다른 여자 아이는 누구에게도 자신의 꿈을 이야기하지 않았는데, 그 이유는 그 꿈은 특별한 것이고 자기 자신의 것이라고 생각했기 때문이다. 아이들과 꿈에 대해 작업할 때 이따금씩 이러한 내용을 꼭 기억해야 한다. 아이들이 자신의 꿈에 대해 말하는 것을 어렵게 하는 온갖 종류의 규범적 제약을 받을 수 있기 때문이다. 아이들의 사생활을 존중하는 것 또한 정말 중요하다. 어떤 누구도 아이들에게 비밀로 간직하고 싶은 꿈을 이야기하도록 강요할 수는 없다.

여덟 살 수잔은 아주 좁은 시야를 가지고 있는데 그녀는 눈동자의 가장자리로만 사물을 겨우 볼 수 있다. 그녀는 자신의 심란한 꿈에 대해서 이렇게 말했다.

"꿈에서 저는 눈이 빠져 있었어요. 엄마가 제 눈을 쓰레기통에 버렸거든요. 저는 장님이 되었지만 엄마가 다시 제 눈을 꺼내서 저한테 주자 다시 눈을 떴어요. 진짜 말도 안 되는 꿈이었어요."

아이들은 자신의 시각적 장애에 대한 특별한 꿈을 꾼다. 시각장애 심리학자 도널드 커틀리Donald Kirtley의 연구에 의하면 외상적 사고로 인하여 눈이 머는 성인의 경우 외상후 충격과 관련된 꿈을 많이 꾸는데, 이는 꿈에서 사고가 일어났던 때로 돌아가기 때문이라고 한다. 어떤 경우에 꿈은 사고가 나기 바로 직전의 상황까지 보여 주는데, 마치 가장 끔찍한 일이 일어나기 직전에 장면이 멈춘 듯이 그때의 일들을 기억하게 한다. 이러한 꿈은 수년간 지속되기도 한다.

야벳은 악당 펭귄을 상대로 싸우는 베트맨과 로빈을 돕고 또 악당들을 해치우는 영웅적인 꿈을 꾼다. 그러나 그는 유난히 슬픈 꿈도 꾸었다.

"엄마가 더 이상 우리 집에 살고 싶어 하지 않아서 멀리 떠나는 꿈이었어요. 나는 우리 가족을 따라갔죠. 가족 모두가 가고 있었어요. 그리고 고속도로에 들어섰는데 나만 길을 잃었어요. 우리 가족은 나만 남겨 두고 떠나 버렸어요. 그 후로 아무도 나를 찾는 사람이 없었어요."

야벳은 주변 사람들에게 무척이나 의존적인데 특히 가족들에게 더욱 그런 성향을 보였다. 그래서 가족이 모두 사라진다면 어떤 일이 일어날지에 대한 두려움이 생기곤 하였다. 야벳의 학교에서 소집단 모임을 통해 아동의 꿈을 주제로 자유롭게 이야기한다면, 아이들이 공통적으로 갖는 두려움에 대해 서로 인식하고 다룰 수 있는 좋은 기회가 될 것이다.

맹아나 시력이 손상된 아이들의 경우 꿈에서 소리는 중요한 역할을 한다. 세 살의 자미에는 지극히 제한된 시각만 가지고 있는 알비노albino를 앓고 있는 아이다. 평소에 꿈꾸는 것을 좋아하고 요즘에는 자기 강아지가 나쁜 용을 물리치는 꿈을 꾼다. 내가 그에게 꿈에서 나온 강아지가 자기 강아지인지를 어떻게 알아보았냐고 묻자 자미에는 강아지가 짖는 소리를 통해 알았다고 대답하였다. 아홉 살의 레옹 역시 태어날 때부터 눈이 멀어서 촉각, 후각, 미각, 동작에 의존하여 꿈을 꾸는데 그의 꿈은 이러한 지각적인 것과 느낌, 촉감과 소리에 대한 것으로 생생하다. 레옹이 가장 좋아하는 꿈은 가스펠 노래가 가득하고 사람들의 노랫소리와 박수소리로 꽉 찬 꿈이다. 이보다 덜 따뜻하게 느껴지는 그의 꿈은 마녀가 그를 요술빗자루 앞에 태워서 하늘을 나는 꿈이다. 어떤 때는 그 마녀가 레옹을 잡아먹으려고 하기도 한다. 레옹은 느낌과 소리를 통해 그것을 알 수 있다.

열한 살의 오스카는 백내장이 있는데 영화 〈조스〉를 보고 무서움이 몰려왔다. 오스카는 다음과 같이 말하였다.

"보트가 부서지는 것을 머릿속으로 볼 수 있었어요. 내가 죽자 내 머릿속에 그런 그림들이 그려지는데 결국 내 머리가 그 그림들을 원치 않아서 그 그림들을 몽땅 먹어 버려요. 시력이 점점 나빠지다가 결국 꿈에서 깼어요."

다른 장애들

REM 수면 상태는 신생아에게 특히 중요하지만 신경이 손상되거나 자폐와 같은 특정한 장애를 가지고 태어나는 아이들에게도 중요한 부분이다. 뇌는 효과적인 학습을 방해하는 장애를 극복하는 방법으로 꿈 수면 중 신경경로를 차단하려고 한다. REM 수면은 뇌의 일부가 인지신경이나 운동신경에 생긴 문제에 대처하려는 수완의 일부로 증가할 수도 있다.

시각 손상의 경우처럼 귀가 들리지 않는 아이들의 꿈 범위 역시 장애의 정도에 따라 결정된다. 하루 일과와 인간관계는 모든 아이의 꿈 내용에 영향을 끼치지만, 무엇보다도 운동 활동이 가장 중요하다. 청각 기억의 결정적 시기는 3~7세인데, 3세 이전의 난청은 주로 병어리를 초래한다. 아이들의 꿈에서도 이러한 것들이 반영된다.

헬렌 켈러Helen Keller는 19개월 때 성홍열을 앓고 시력, 청력, 후각뿐만 아니라 말까지 잃었다. 여섯 살 때, 그녀는 손가락 알파벳을 통해서 의사소통하는 방법을 배웠다. 1904년 그녀는 학위를 받은 최초의 청각시각 장애인이었다. 『내가 사는 세계The World I Live In』에서 헬렌은 자신의 꿈에 대한 이야기를 두 장이나 썼다. 그녀는 현실세계에서 경험한 적이 없는 감각, 향기, 맛과 생각을 꿈에서 느낀다고 하였다. 이러한 것들은 신생아기 때의 잔상이거나 혹은 직관적 지식에 의한 것일 가능성이 높다. 그녀는 꿈이 현실에서의 결핍을 보상해 준다고 말한다. 꿈속에서 헬렌은 신체적으로 실생활에서보다 훨씬 더 자유로웠고 독립적이었다.

신체적이든 정신적이든 갑작스러운 장애 후에 오는 '정상화' 과 정에서 꿈은 함축적이며 과감한 변화에 대한 시도를 보여 주기도 한 다. 오늘날까지 대부분의 연구는 성인을 대상으로 하였지만, 아이들 에게는 해당되지 않는다고 할 만한 근거는 없다. 예를 들어, 조지프 자스트로에 의하면 유년 시절 말이나 성인이 되어서 팔이나 다리를 절제하는 수술을 받은 사람은 수술 후에도 그 부위가 정상적인 상태 로 보이는 꿈을 꾼다고 한다. 이렇듯 '사지의 환영'은 꿈속에 남아 있다.

1장에서 언급한 것처럼, REM 수면은 인지적 처리에 있어서 중 요한 기능을 한다. 아이들이 정신적인 손상이나 발달지연이 있으면 학습을 가능하게 하는 기제에 어려움이 생긴다. 어윈 페인베르그Irwin Feinberg에 의하면, 대체로 비장애아보다 장애아의 경우 REM 수면이 심각하게 짧다고 한다.

다운증후군인 열 살의 조지는 몽정을 한다고 시인한 유일한 남 자아이다. 이는 같은 학교에 다니는 여자 친구를 통해 들은 얘기다. 그가 몽정을 전혀 부끄럽게 여기지 않아서 고백을 한 것인지는 모르 겠다. 그러나 그는 몽정을 즐기고 있었고, 그 꿈은 뱀과 싸우는 꿈보 다는 좋은 꿈이었다. 아마도 성적인 측면에 있어서 뱀이 더 위협적 인 존재였을지도 모른다.

심리적 · 정서적 건강 문제

모든 질병이 다 신체적인 것에서 오는 것은 아니다. 나에게 꿈에 대해 이야기한 어떤 사람들은 정서적으로 극심한 긴장을 경험하고 있었으며, 죽음과 정신적 고통에 대한 주제를 회상하는 것을 볼 수 있었다. 이제 열네 살이 된 해리는 자신의 삶이 어떤지에 대해 다음과 같이 말하였다.

> "열세 살 때 나는 보호시설에 맡겨졌어요. 아빠는 마약, 엄마는 알코올 의존증 환자였거든요. 나중에 엄마는 일자리를 잡았지만 난 위탁가정의 부모님과 다른 아이들 속에서 함께 생활했어요. 지난주에 집으로 돌아갔지만 그 이후로 계속 본드를 마시게 되었어요."

어느 날 밤 그는 모든 게 잘 되고 자기 자신도 곧 나아지는 꿈을 꾸었다. 그러나 이보다 더 자주 꾸는 꿈에서는 그가 쫓기는 와중에 총에 맞고 가족들도 크게 다쳐 더 이상 움직일 수 없게 된 것이다. 해리는 꿈에서도 가족과 있을 때면 막막해서 손을 쓸 수 없다는 느낌을 받았다고 하였다. 그리고 해리의 가장 무서운 꿈은 극도로 신경이 쓰이는 그의 여정을 그리고 있다.

> "전에 살던 아파트에서 엘리베이터를 타고 내려가는 꿈을 꾸어

요. 그 엘리베이터는 1층까지 빨리 내려가요. 그런데 환풍기에서 피가 뚝뚝 떨어지더니 엘리베이터가 멈추고 갑자기 문이 열렸어요. 무언가가 거기에 있었는데 보이지는 않았어요. 나는 소리를 질렀는데 아무 소리도 나지 않았어요."

이 글을 쓸 때 해리는 청소년 병원에 다시 들어간 상태였다. 이 이야기는 그에게 남겨진 정서적 상처가 얼마나 오랫동안 파괴적으로 지속되는지를 보여 주는 결정적인 증거다. 이제 해리는 새롭게 다시 사는 방법을 배우는 거나 다름없다.

영국 심리학협회The British Psychological Society는 1997년 〈뉴 사이언티스트New Scientist〉 지에서 마이클 데이Michael Day가 보고한 바와 같이, 아동의 10%가 치료가 필요할 정도로 심각한 정신장애로 고통받고 있다고 추정하였다. 어떤 아이들은 아무 말 없이 고통을 인내한다. 우리는 사별의 슬픔을 겪는 아이들을 본다. 이 아이들이 당신의 자녀이든 당신이 만나는 아이들이든지 간에 당신이 그 슬픔을 달래 주지 못한다면 아이들은 크게 상심할 것이다. 우리는 아이들의 불행을 야기하는 그것이 무엇인지 결코 알지 못할 수도 있다. 그러나 우리는 그 슬픔을 느낄 수 있다. 우리가 아는 것은 아동기 우울증에 시달리는 아이들의 숫자가 그렇지 않은 아이들에 비해 현저히 많다는 것이다.

자넷 트레져Janet Treasure(런던에 있는 Bethlem and Maudsley Trust의 섭식장애 분과 연구자이자 치료자)의 저서 『거식증Anorexia Nervosa: A sur-

vival Guide for Families, Friends and Sufferes』에서처럼 어떤 아이들은 섭식장애로 자신의 불편한 마음을 표현한다. 섭식장애를 가진 아이들과 청소년들은 잠을 적게 자거나 얕게 잔다. 따라서 꿈을 꾸는 REM 수면 상태도 방해를 받는다. 그러나 그들이 더 많이 먹기 시작할 때, 수면시간은 점점 더 늘어나며 더 깊이 자게 되는 것은 물론 꿈을 꾸는 수면 상태도 회복된다.

만약 당신 자녀의 정신건강이 염려된다면, 자녀가 말하는 꿈 이야기에 귀 기울여 보자. 좋지 않은 꿈이 반복되면, 예컨대 아이가 울거나 슬퍼한다든지 더 가까워지기를 꺼린다든지, 식사를 못하거나 잠을 잘 못 잔다든지, 이사나 고질병과 같은 큰 스트레스 유발원이 있다든지, 뭔가가 심각하게 잘못되었다는 느낌이 직감적으로 온다든지 할 때는 도움을 구하자. 이때 친절한 내과 의사를 찾아가거나 동네 청소년을 위한 상담센터가 있는지 찾아보고 그곳에서 도움받을 수 있는지를 알아보자.

REM 수면 상태는 우울증이나 정신이상과 같은 성격의 불안정한 상태에 의해 영향을 받는다. 저명한 꿈 연구가인 어니스트 하트만 Ernest Hartmann과 그의 연구팀은 그의 분야에서의 상당한 연구 결과를 토대로 '심리적 고통'의 상태에서 더 높은 REM 수면 상태를 보이고 종종 습관적인 방어 패턴을 고의로 바꾸려는 심리적 불안정 상태에서도 그러하다고 주장한다. 따라서 대개 REM 수면을 더 필요로 하는 사람은 상대적으로 불안하거나 우울해한다. 바꾸어 말하면, 생활 방식에서 걱정을 만드는 변화가 있는 경우다. 열네 살의 니나는 전문직

종에 종사하는 부모를 둔 중산층 가정에서 자랐는데 대체적으로 행복하다고 느낀다. 그러나 요즘은 기분이 자주 바뀌는데, 한번은 우울한 기분으로 오랫동안 잠을 자다가 다음과 같은 악몽을 꾸었다.

"부모님이 나한테서 마음이 완전히 돌아선 나머지 집 안에 못 들어오게 했어요. 내 친구들도 모두 그랬어요. 나는 완전히 혼자였어요. 너무 슬퍼서 계속 울었고, 그러다 결국 목숨을 끊었어요."

미국의 수면 연구가 어니스트 로시Ernest Rossi는 REM 수면이 더 요구될 때는 마치 단백질이 합성되듯이 두뇌 안에서 화학적-생물학적 변화가 일어난다고 주장한다.

미국의 심리치료자 레오나드 핸들러Leonard Handler는 열한 살짜리 존을 심리적으로 불안정하고 약간의 뇌손상이 있는 아이로 기억한다. 약 1년 반 동안 존은 끔찍한 악몽에 시달렸다. 존은 공포에 질려서 잠에서 깨면 부모님 방으로 달려갔다. 꿈에 나온 괴물들이 그를 쫓아다닐 뿐만 아니라 그들에게 잡혀서 다칠 때도 있었다. 핸들러는 상황을 호전시키기 위해서 존과 치료관계를 잘 형성한 후 직면 치료 기법을 사용하였다. 이 방법에서 아동은 치료자의 무릎에 앉음으로써 신체적인 접근성과 안정성을 확보할 수 있었다. 그런 후, 아이와 함께 괴물들을 퇴치할 것임을 명확히 알려 주고 아이의 눈을 감게 하여 상황을 시각화하도록 하였다. 또한 아이가 보인다고 할 경우, 치료자는 그를 더 꽉 잡았고 동시에 책상을 두드리면서 다음과 같이 외치며 효과음을 냈다. "내 친구로부터 멀어져, 이 나쁜 괴물아! 다시 돌아오면 나는 존과 한편이 되어서 제대로 싸울 거야." 이러한 상황을 여러 번 반복한 결과 존은 괴물을 떨쳐 버릴 만큼 힘이 강해지게 되었다. 다음 세션 때 그동안 꿈에 괴물이 또 나타났는지를 묻자 존은 괴물을 보았지만 소리를 질러 쫓아냈다고 대답하였다. 6개월 후에도 악몽은 다시 나타나지 않았다. 이 환상기법은 아이들에게 강한 신뢰관계를 주는 어른들이 사용할 수 있다.

학 대

학대를 당한 적이 있는 아이들은 실제 그 경험이 꿈에서도 나타난다. 심리학자 엘리스 밀러Alice Miller는 『침묵의 벽 무너뜨리기Breaking Down the Wall of Silence』에서 근친상간을 당한 피해아동이 악몽이나 수면장애로 고통을 겪는 것에 대해 언급하였다. 많은 학대아동은 정신이 없고 혼란스러운 느낌을 받는다. 그 혼란은 일부 책임이 있는 권위자인 어른들이 그 권위를 잘못 사용하는 것을 보았기 때문에 나타난다. 그런 연유에서 그 어른들의 행동은 옳아야만 한다. 직감적으로 피해자는 그것이 옳지 않다고 느끼지만 가해자가 주는 정서적·육체적 억압에 대항할 수가 없다. 많은 악몽이 쫓기는 데서 오는 심한 두려움을 반영하는데, 대체로 코끼리와 같은 크고 무거운 것에 쫓기거나 자신이 무력하여 도망갈 수 없는 상황에 처한다. 권위나 힘의 요소는 꿈에서도 두드러지게 나타난다. 많은 아이가 모르는 사람에게 쫓겨 불안해하는 꿈을 꾸는 반면, 학대받은 아동은 실제 가해자가 등장하는 꿈을 꾸는 경향이 있다. 꿈에서의 주된 정서는 의지할 곳 없는 무력감이다.

패트리시아 가필드Patricia Garfield는 성폭행을 당한 여자아이들에 대한 연구를 통해서 성학대 경험이 있는 아이들의 꿈의 양상이 그렇지 않은 아이들의 꿈의 양상과 다름을 밝혀냈다. 그들 꿈의 50% 이상은 쫓기는 상황이었다. 그러나 이보다 놀라운 사실은 그 추격이 꿈을 꾸는 당사자를 공격하는 것으로 종결된다는 점이다. 공격만 있는 것이 아니라 대개 그 꿈은 꿈을 꾸는 본인이나 엄마, 형제자매의 죽음으로 끝이 난다. 꿈을 꾼 아이가 이전에 실제로 공격을 당했다는 점을 상기해 보면 이는 놀랄 만한 일이 아니다. 따라서 죽음을 꿈으로 꾼다는 것은 예상할 수 있는 결과다.

도처에 깔린 위험

성학대 경험이 있는 아이들은 그 사실이 발설되면 자신을 죽일 것이라는 말을 가해자로부터 종종 듣는다. 흔히 학대받은 아동들은 자신의 일부가 죽었다는 느낌을 받는다. 자기 신체에 대한 권리를 빼앗기고, 신뢰도 말살된다. 꿈은 이런 아동의 기분을 대변해 준다.

베르나데트는 열 살 때 황소가 자신을 공격하는 꿈을 꾸었다. 언니가 옆에 있었지만, 언니는 베르나데트를 전혀 구하려고 하지 않았다. 또 그녀는 지하감옥에 갇힌 죄수가 되는 꿈도 꾸었다. 그녀는 자신의 어린 시절을 이렇게 묘사하였다.

"우리 가족은 무너졌어요. 언니들과 나는 매일 맞았고 부모님의 싸움이 끊이지 않았으며 우린 돈이 거의 없었어요. 우린 어디로 가야 할지 몰라 늘 2층에 있었어요. 그때 전 전혀 행복하지 않다고 느꼈어요."

이제야 베르나데트는 자신이 겪은 경험이 얼마나 끔찍했는지를 깨달았다. 그녀의 초기 학대 경험은 정서적으로 깊은 상처를 주었다. 어른이 된 베르나데트는 친밀하고 신뢰할 만한 인간관계에 극도의 어려움을 겪었다. 그러나 지지치료를 받는 아이들의 경우에는 이러한 결과가 나타나지 않는다.

아동학대 통계는 불길한 수치를 보인다. 미국의 작가이자 작문 워크숍 강사인 앨런 베스Ellen Bass와 루이스 손턴Louise Thornton은 여자아이의 경우 네 명 중 한 명이, 남자아이의 경우 일곱 명 중 한 명이 약 12세 이전에 성학대를 받는다는 것을 알아냈다. 이는 우리 중 대다수가 학대로 인한 피해자—가족, 친구, 이웃, 동료—와 만날 수 있다는 것을 의미한다. 당신이 아동복지에 관심이 있다면 그들의 꿈에 관심을 갖도록 하자. 그리고 거기에서 그 아이들이 보내는 신호에 귀를 기울이도록 하자. 고등법원 판사인 버틀러-슬로스Butler-Sloss는 클리블랜드 연구지Cleveland Inquiry에 개재된 자신의 보고서를 통해 아동이 말하는 것에 귀 기울이는 어른이 그리 많지 않음을 지적하였다.

뉴멕시코 대학 정신과university of New Mexico Department of Psychiatry의 진굿윈Jean Goodwin은 꿈이 학대의 본질을 규명한다는 점과 아이들이 당한 상처받은 경험에 스스로 다가갈 수 있게 해 준다는 점에서 얼마나 유용한지를 언급한 바 있다. 아홉 살 난 어느 여자아이는 꽃이 만개한 집 앞에 서서 웨딩드레스를 입고 있는 자신의 모습을 그렸다. 그녀는 심리치료자에게 자신의 꿈에 대해 말하면서, 엄마가 재혼해서 새아빠가 생기기를 얼마나 원하는지 그리고 근친상간을 저지른 친아빠가 엄마와 이혼을 해 주지 않아서 생기는 두려움에 대해 이야기하였다. 굿윈은 이 아이의 꿈에서 꽃이 만개하는 것을 저지당했다고 느끼는 심리가 상징적으로 드러나 있다고 지적하였다. 굿윈은 학대를 당한 일곱 살짜리 아이를 상담한 적이 있는데 그 아이는 꽃잎이 한 장씩 떨어져서 지는 꽃을 각 종이마다 그려 넣었다.

젠은 이제 40대인데, 9~12세 때까지 반복적으로 꾼 꿈에 대해 이렇게 말하였다.

"나는 커다랗고 어두운 방에 있었어요. 바닥은 흰색과 검정색 정사각형 무늬의 체스판 모양이었고 각각의 코너에는 움직이지 않는 계단이 있었어요. 위에서 음울한 스포트라이트가 쏟아져 들어왔어요. 또한 각 계단의 맨 위에서부터 잘 차려입은 남자들이 조명을 받고 있었고 얼굴은 보이지 않았어요. 나는 한 남자에서 다른 남자에게로 던져졌어요. 그게 꼭 공격적이었던 것은 아니지만 나는 매번 내가 떨어질까 봐 불안했어요. 사람들은 잠시 나를 잡았다가 금세 다시 던졌어요. 그러자 더 이상 아무 소리도 나지 않았어요."

이 꿈은 젠이 무지막지한 성폭행범에게 처음 성폭력을 당하고 난 후 꾼 꿈이다. 꿈의 이미지는 상징적으로 자기가 싫다는 말도 할 수 없고 아무 힘도 쓸 수 없는 상황에서 '잡혀 있는' 기분을 드러낸다. 젠은 소리 없는 고독에 스스로를 숨겼고 아무도 그녀와 함께 있어 주지 않았다. 이 사례에 나타난 그대로, 아무 생각 없이 그녀를 다른 사람에게 넘기는 사람의 얼굴을 보는 것은 너무 위험하다. 그녀는 그들의 기쁨을 위해 거기 있었고 아무 때나 무심하게 절망 가운데로 '넘겨졌다.'

성폭행 당시의 성적 행동의 재연까지 생생하게 꿈꾸는 아이들의 경우 절대적으로 안전하거나 비난받지 않을 만한 환경이 아니라면 그런 꿈은 거의 말하려 하지 않는다. '비밀'이 밝혀져야 할 가해자의 위협은 외부세계를 두렵게 만들고 다른 사람들에게 손가락질받는 그런 꿈을 초래하게 만든다. 예전부터 어른들은 아이들이 학대에 대해 말하면 그것을 믿어 주지 않았다. 아이들의 이야기를 사실이라기보다는 환상과 관련된 경험으로 본 프로이트의 연구 결과, 성학대의 심각한 발생들을 간과하여 너무나 많은 아동에게 불신감을 대물림하게 하여 피해를 주었다. 따라서 우리가 학대라는 끔찍한 문제를 모른 척해서 아이들을 또다시 배신하는 일은 없어져야 한다.

🌑 불치병

엘리자베스 퀴블러-로스Elizabeth Kübler-Ross 박사는 불치병 환자들을 다루는 자신의 연구에서 대부분의 아이들은 자신에게 어떤 일이 일어날지를 알고 있으며 성인과 같은 방식으로 슬퍼하는 양상을 경험한다고 말하였다. 아이들도 부정, 화, 타협, 우울, 수용 등을 경험한다. 수용은 상황에 대한 이해와 앞으로 최선을 다해 살아 보겠다는 결단이 포함된다. 두려움도 죽음을 앞둔 아이들의 경험에서 가장 두드러지게 나타나는 현상인데, 꿈은 그들의 가장 깊은 불안을 반영하기도 한다. 퀴블러-로스는 아이들이 죽음에 대한 지식을 상징적으로 표현한다는 것을 알아냈다. 아이들의 꿈을 이해하기 위해서는 이러한 점이 특히 중요하다. 이는 '해소'하는 과정에서 중요한 부분을 차지한다.

불치병의 경우 환자들은 다른 사람들이 그들의 상태에 대해 진실을 말해 주지 않을 때 죽음에 대한 꿈을 꾸기도 한다. 그러나 여기서 알아 두어야 할 중요한 점은 건강하거나 아주 약간 아픈 사람의 죽음에 대한 꿈은 대체로 '죽는 것' 또는 '죽음'과 '탄생'이라는 양면에 대한 두려움의 표현과 더 많이 관련되어 있다는 것이다. 이를 테면, 많은 성인들은 이혼할 때 배우자의 죽음에 대한 꿈을 꾼다. 이 때 꿈은 육체적 죽음보다 정서적인 변화를 반영한다고 볼 수 있다.

삶을 위협하는 질병을 앓고 있는 아이들의 경우 주로 악몽과 야경증이 나타난다. 급성 백혈병 진단을 받은 세 살짜리 여자아이는 악몽과 야경증에 시달렸고, 고통이 너무 심한 나머지 소아과에서 진찰이 필요할 정도였다. 아이의 악몽은 치료에 동의한 상태에서 엄마가 아이와 떨어져 치료가 막 시작되었을 때 발병하였다. 악몽은 이처럼 가족과 의사들이 그녀가 깨어 있을 때 표현하지 못한 심한 불안감을 일깨워 준 하나의 적신호가 되었다. 미국의 소아과 의사인 조나단 켈러만Jonathan Kellerman은 안심시키기와 불안을 감소시키는 것이 자신의 건강관리에 얼마나 큰 핵심이었는지를 언급한 바 있다.

발병 이전, 투병 중 그리고 회복기의 꿈들은 우리의 정신과 육체가 어떻게 작용하는지를 이해할 수 있게 해 준다. 때로는 증상에 대한 기저 욕구가 무엇인지를 알게 해 주는데, 스트레스를 회피하기 위해 혹은 스트레스가 많은 삶에서 자신을 지키기 위해 병이라는 방식으로 숨겨진 욕구를 표현하게 된다. 신경증과 심인성 질환의 경우 신체적인 질환과 동일하게 아프고 기력을 약화시키는데, 이때 자기계발이 회복을 돕는 역할을 한다. 꿈에 대한 학습은 성인과 아동 모두에게 통찰력을 증진시키고 건강을 촉진하는 자기이해를 높일 수 있다.

그리고 꿈은 더 높은 차원, 다른 법칙들이 존재하는 듯한 영적인 세계와도 연결된다.

슬픈 아이

09

허물어진 세계: 상실과 갈등

우리에게 꿈을 꾸게 하는 기제는 그동안 인간 내부의 영적인 안
내, 혹은 영혼의 중심으로 불려 왔다. 대부분의 원시 사람들은 그
것을 신, 혹은 여러 신 가운데 하나의 신이라 일컬었다. 예를 들
어, 아즈텍Aztecs의 최고의 신은 꿈을 만든 신으로, 꿈을 통해 사람
들을 다스렸다.

-프레이저 보아Fraser Boa의 『꿈의 길The Way of the Dream』에서

마리 루이제 폰 프란츠Marie-Louise von Franz

사랑하는 사람과의 분리, 이혼, 상실 그리고 죽음은 아동에게 삶
의 일부가 되며 이들은 꿈에도 영향을 미친다. 이 장에서는 우리가
어떻게 꿈을 사용하여 아이들이 상실의 문제를 다루는 데 도움을 줄

수 있는지에 대해 초점을 맞출 것이며 어떻게 꿈이 산 사람과 죽은 사람들을 연결시켜 줄 수 있는지에 대해 알아볼 것이다.

분리 그리고 이혼

이혼은 현대 서구인들의 삶에서 가장 심각한 위기로 떠오르고 있는 문제 중 하나다. 많은 이혼가정의 구성원들이 이에 대해 궁극적으로 잘 대처하며 위기에 처한 사건에도 잘 적응하지만, 심리학자 주디스 월러스타인Judith Wallerstein과 그녀의 동료 샌드라 블레이크슬리 Sandra Blakeslee, 줄리아 루비스Julia Levis의 저서 『우리가 꿈꾸는 행복한 이혼은 없다The Unexpected Legacy of Divorce: A 25 Year Landmark Study』에서는 희생자 없는 이혼이란 존재하지 않음을 보여 준다.

> "내가 박람회에 갔을 때 엄마와 아빠는 말다툼을 하고 계셨어
> 요. 그리고 나서 엄마는 떠났고 결국 아빠와 이혼했어요."
>
> ─케리(9)

케리는 이것이 그녀의 가장 무서운 꿈이라고 말하였다. 그녀의 마음속 밑바닥에는 엄마와 아빠가 곧 갈라설 것이라는 두려움이 자리하고 있었다. 누구도 이에 대해 직접적으로 말하지 않았다. 무엇보다도 그녀는 이 일로 인해 문제를 일으켜 사람들로부터 비난받을

것 같아 직접 물어볼 수가 없었다.

부모의 갈등 사이에서 아이들은 가족 붕괴와 누구와 살지를 결정해야 하는 것, 떠나간 부모에게 벌어질 일, 학교에서 벌어질 일들에 대해 걱정한다. 아이들은 이따금씩 부모의 관계가 어긋난 것이 모두 자기 잘못이라고 생각하기도 한다. 그래서 아이들은 스스로를 비난하며 불안해하고 자기파괴적인 행동으로까지 이어질 수 있는 죄책감을 키운다.

열두 살의 아론은 자신을 무척이나 사랑하는 '멋진 엄마와 아빠'가 있다고 말하였지만 사실 그의 꿈은 이렇다.

"······엄마 아빠는 곧 이혼할 것이고 그 뒤 나는 엄마 아빠 중 한 명과 함께 살게 될 거야. 그리고 앞으로 벌어질 일들에 대한 고통도 혼자 떠맡게 될 거야."

아론은 부모에게 무서운 꿈의 대부분을 말할 수 있었고 아론의 부모도 대체로 불안을 안정시킬 수 있었다. 그러나 어찌 되었든 그의 가장 심한 불안을 표현하는 이러한 꿈까지는 부모와 나눌 수가 없다. 다른 아이들의 꿈은 앞으로 일어날 사건에 대한 대비를 할 수 있게끔 한다. 이것은 7장에서 보았던 '리허설' 꿈과도 유사하다.

이런 꿈을 보면 아이들이 부모와의 분리 문제에 대해 걱정하고 있다는 것이 명확해진다. 이런 스트레스의 대처 방안으로 위로와 화해에 초점을 맞추어 더 많은 연구가 진행되고 있다. 중립적이고도 훈련된 중재인의 도움으로 재정적인 준비뿐만 아니라 보호, 접근의 문제, 아이들을 위한 지속적인 지원까지도 다룬다. 법적 비용을 줄일 수 있다는 것과는 별개로 가족들이 분노와 원한으로 인해 서로 의사소통이 전혀 불가능할 때, 서로 간에 대화를 할 수 있게끔 도움을 준다.

> "나는 아빠가 여동생과 엄마까지도 절벽 끝으로 밀쳐서 그 밑으로 떨어지게 만드는 꿈을 꾸어요."
>
> ─제니퍼(9)

제니퍼가 인식하고 있는 자신의 꿈의 주요한 주제인 '추락'은 부모가 별거하기 이전 그들 간의 폭력적인 다툼에서 비롯된 것이다. 제니퍼는 일상적인 삶을 통제할 수 없기 때문에 자신이 '미쳐만 간다'고 느낀다. 이는 제니퍼가 가족으로부터 자신을 보호해 줄 만한 그 어떤 것도 갖지 못한다는 자신의 신념을 반영한다. 이에 대해 어떻게 느꼈는지를 물었을 때 그녀는 다음과 같이 대답하였다.

"우리 가족은 엉망이 되어 가고 있어요. 아빠도 떠났고, 내가 제일 좋아하던 할머니도 돌아가셨어요."

혼란스러운 현실 속에서도 그녀가 사랑하는 할머니는 언제나 제니퍼의 든든한 버팀목이었지만 할머니의 죽음은 제니퍼가 직면할 수밖에 없는 또 다른 상실이었다. 만일 당신이 배우자와 별거 중이거나 이혼 상황에 놓여 있다면, 아이들과 대화를 나누고 아이들이 가지고 있는 질문에 대답해 주는 것이 당신이 취할 수 있는 가장 궁극적이고 건설적인 접근방법이다. 비록 그 결과에 대해 확신하지 못해도, 아이들에게는 사실을 알아내기 위해 밀려드는 두려운 공상을 멈추게 할 수 있다. 또한 아이가 현재 상황에 대한 사실적인 이야기와 앞으로 벌어질 일들에 대해 당신의 의견을 들을 수 있다면, 두려운 공상이 악몽으로 이어질 가능성이 줄어들 것이다.

이 사

많은 아이들은 깨어 있는 동안 숨기고 있던 고통을 꿈을 통해 드러낸다. 이혼가정 아이들의 꿈을 연구한 캐롤라인 프록셰Karoline Proksch와 마이클 슈레들Michael Schredl은 아이들의 꿈이 그들의 삶을 더욱 불운하게 만들고 있음을 발견하였다. 여덟 살 엠마의 아버지는 최근 집을 떠났고 이는 그녀의 꿈에 영향을 미쳤다.

"나는 나를 잡아가려고 오는 나쁜 사람들에 대한 꿈을 꿔요. 또한 여동생 켈리는 몽유병을 일으키는 수많은 악몽을 꾸지요. 여동생은 자면서 바깥을 걸어 다니기도 해요. 우리 둘은 우리를 잡아가는 사람들에 대한 꿈을 꿔요. 우리는 같은 날 똑같은 꿈을 꾸었어요."

엠마는 어느 때라도 집으로부터 '떨어질' 수 있다고 느끼며 아무도 자기와 여동생을 보호해 줄 수 없다고 생각한다.

샐리의 부모는 최근에 이혼하였고 현재 그녀는 '아빠가 혼자 집에 있는' 꿈을 반복적으로 꾼다. 샐리의 괴로운 꿈은 분리에 대한 또다른 두려움을 반영한다. 그녀가 꾸었던 최악의 꿈은 부모가 죽는 것이었다. 그녀는 너무 불안해서 그 후로 잠을 다시 청할 수 없었다.

어떤 아이들에게 분리와 이혼은 서로 다투는 부모에게서 벗어날 반가운 탈출구가 될 수도 있다. 열두 살 폴라는 일주일에 한 번쯤 선물을 들고 나타나는 그런 낭만적인 아버지상을 갖고 있지 않다. 폴라에게는 어머니와 함께 사는 사랑이 넘치고 안정적인 가정이 더 행복하다. 폴라는 자신의 악몽 대부분이 "친아빠가 돌아와서 나를 데리고 가 버렸다."는 내용이었다고 말한다. 그녀는 엄마 아빠가 즐기고 있는 게임에서 마치 인질로 쓰일까 봐 두려워한다. 아이가 부부 간의 갈등에서 인질처럼 사용되는 것, 어느 한쪽 부모의 이익을 위해 아이를 서로에게 떠넘기거나 반대로 데리고 있으려고 하는 것은 아이에게 혼란을 줄 수 있다. 우리는 불안한 꿈으로부터 이어지는 두려움, 문제행동, 뒤처지는 학업에 대해 주목해야 한다.

무너진 신뢰

많은 아이는 부모의 새로운 배우자의 모습에 대한 꿈을 꾼다. 몇몇 사례에서 아이들은 새로운 부모를 좋아함과 동시에 그의 '잃어버린' 부모를 실망시키고 싶지 않은 감정 사이에서 비애를 느낀다. 리는 짧은 삶 동안 여러 차례 분리의 경험을 반복하였다. 현재 열두 살인 그녀는 불안한 꿈을 계속 꾸고 있다.

"저는 저와 가족을 살해하는 사람들에 대한 꿈을 꾸어요. 아팠을 때 의사가 저에게 잘못된 약을 처방해서 제가 죽는 꿈도 꾸었어요. 또 다른 꿈에서는 제가 큰 공장 안에 있었는데 너무나도 무서웠어요. 저는 심지어 자면서도 울었고 자는 동안에는 이 남자가 저를 칼로 찌르는 기분이 들기도 했어요. 그러고 나서 울면서 깨어났어요. 저는 화장실로 가서 얼굴을 씻으면서 그 꿈도 같이 씻겨 나가기를 바랐지만 그렇게 되지는 않았어요."

이렇게 리의 잠자리는 온통 소름 끼치는 꿈으로 얼룩져 있었다. 리는 나에게 사실 자신의 두 어린 남동생들이 죽었고 어머니와 아버지는 이혼하셨다고 털어놓았다. 리는 다음과 같이 말하였다.

"저는 그 죽음과 꿈은 아무 상관이 없다고 생각해요. 모든 게 다 엄마 때문이에요. 엄마는 집에서건 밖에서건 꿈에 대해 말하지 말라고 하셨죠. 가끔 저는 제 자신이 폭발해 버릴 것만 같아서 뭘 어떻게 해야 할지 모르겠어요."

이혼가정의 아이들은 깊은 상실감에 휩싸인다. 그들은 극도의 공허함, 슬픔, 집중력 상실, 피로감 등을 느끼게 되고 계속 지치게끔 만드는 꿈을 꾸게 되기도 한다. 모두가 슬픔의 증후다. 전 하버드 의과대학의 심리학과 교수였던 윌리엄 워든J. William Worden이 지적한 대로, 사람들은 어린 시절에 가족 구성원들이 실제로 죽지 않았음에도 그들의 죽음을 슬퍼한다. 어린아이들은 불안하거나 위협을 당할 때 믿고 의지할 수 있는 누군가를 절실히 필요로 한다. 분리의 경우 이런 안전기지가 사라진다면, 아이들은 더욱 취약해질 수밖에 없으며 자신만의 보호능력을 형성하기까지 지원이 필요하다.

사 별

부모가 사망했을 때

여덟 살의 브루스는 '오래전' 사망한 아버지에 대한 꿈을 꾼다. 그러나 그 꿈은 그의 마음을 달래 주지 못하고 오히려 슬프게 만든다. 그는 남동생에게 꿈에 대해 말하지만 어머니는 아들이 아버지에 대해 언급하는 것을 내켜하지 않아 좀처럼 그 이야기를 들으려 하지 않는다. 이런 상황에서 브루스와 같은 아이들은 터놓고 마음 아파할 수도 없고 슬픔에 대한 애도와 정화의 과정도 경험할 수 없다.

때때로 브루스는 우주선을 타고 내려온 외계인들에게 잡아먹히는 꿈을 꾼다. 나는 브루스에게 그 무서운 꿈이 무엇인지 알아보자고 말하였다. 나는 우선 그가 가지고 있는 불안에 공감해 주었고 브루스는 마침내 학교에서 괴롭힘을 당하고 있음을 털어놓았다. 그를 먹어 치운 외계인은 그를 괴롭히는 학생들을 상징하며 브루스에게 그 학생들은 '외계인'이었던 것이다. 그들의 거친 외향성은 브루스의 풀 죽은 과묵함과는 정반대의 것이었다. 브루스는 그 누구도 자신의 말에 귀 기울이지 않을 것이라 믿었기 때문에 학교나 집에서도 이 사실을 누구에게도 말할 수 없었다. 브루스와 같은 어려움을 겪는 아이들에게 도움을 주고 싶다면, 여기에 제시한 가장 유용한 기술 한 가지를 활용하자.

어떤 이유에서든지 사랑하는 부모와의 관계에서 상처를 경험한 아동은 자기 자신에만 몰두하게 된다. 그리고 모든 것에 대해 과시하거나 항상 이겨야만 하는 사람이 될 것이다. 아마도 이것은 꿈속에 등장하는 일종의 보상으로 이해할 수 있다.

죽은 사람들을 꿈으로 꾸는 것

아이들은 여러 방식으로 죽음에 대처한다. 어떤 아이들은 사망한 사람이 다시 살아서 나타날 것이라고 믿는다. 부분적으로 이러한 현상은 거의 죽었던 사람이 다음 이야기에서 다시 살아난다는 내용의 TV 프로그램을 시청함으로써 아이들에게 나타날 수 있다. 아니면 사후세계에 대한 신념이 작용할 수도 있다. 여덟 살의 멜에게 반복되는 꿈은 그녀가 사촌동생의 죽음에 대해 어떻게 반응하는지 그리고 슬픔의 기간이 얼마나 오래 지속되는지를 보여 준다.

"나는 나와 정말 가까웠던 사촌동생의 꿈을 꾸곤 해요. 그 아이는 네 살 때 죽었지요. 그 아이가 죽은 뒤 나는 종종 그 아이가 나를 깨워서 함께 인형놀이하는 꿈을 꾸었어요. 그런 꿈을 꾸고 나면 난 언제나 우울해져요. 난 항상 내가 죽기를 바랐어요. 그래야 사촌

이랑 함께 놀면서 지낼 수 있으니까요. 우리는 항상 꿈속에서 놀았고, 그 아이가 죽은 후 1년 뒤에는 때때로 계단에 올라가서 만나거나 산타클로스를 함께 보는 꿈을 꾸기도 해요. 난 여전히 그 아이와 함께 살고 싶어요."

융학파의 심리학자 마리 루이제 폰 프란츠는 죽음에 관한 꿈에 대한 그녀의 방대한 연구를 통해 사망한 이들에 관한 꿈이 슬픔의 다음 과정으로 진행시킨다는 것을 발견하였다. 사망한 사람은 과거와 현재가 함께 공존하는 삶으로 되돌아간다. 그리고 그녀는 이것이 꿈꾸는 사람에게 그 과정을 마칠 수 있게 하므로 심리적 종결을 가능하게 한다고 보았다.

삶에서 중요한 인물의 죽음은 아이들에게는 꽤 충격적인 경험이다. 이러한 현실의 상실을 보상하기 위해 죽은 사람을 상상하거나 혹은 더 나아가 사랑했던 사람이 우리와 함께 사는 꿈을 다시 꾸는 것은 대처 방법이 될 수도 있다. 열두 살 스튜어트가 좋은 예다.

"저는 돌아가신 할아버지가 제 침대에 앉아서 노래를 불러 주는 꿈을 꿔요."

데보라는 그녀의 할아버지가 돌아가신 후에 혼란스러운 나날을 보냈지만, 할아버지가 꿈에 나타나 자신은 행복하고 잘 지내니 데보라와 나머지 가족들 모두 자신을 걱정할 필요가 없다고 말한 것을 보고 큰 위안이 되었다. 그 꿈은 데보라가 슬픔을 걷고 새로운 삶을 시작할 수 있게끔 도와주었다.

성장하는 동안 아이들은 그들의 부모가 죽을지도 모른다는 두려움의 시기를, 특히 잠자는 동안 자연스럽게 경험하게 된다. 그러한 두려움과 꿈은 아이들을 겁에 질리게 할 수도 있다. 이는 성인에게도 마찬가지일 것이다. "엄마, 죽는 거 아니죠? 죽지 않을 거죠? 맞죠?" 하고 묻는 아이를 안심시키는 것은 무척 어려운 일이다. 이유인즉, 당신의 아이가 미처 성인이 되기도 전에 실제로 당신이 죽음을 맞이할지도 모르는 일이기 때문이다. 이러한 일은 누구에게나 일어날 수 있다. 우리는 아이들을 안심시키고 그들이 상실감에 대처할 수 있도록 정서적인 능력을 부여할 만한 방법을 찾아야만 한다.

아홉 살 난 맥스웰은 나에게 자신의 꿈에 대해 이야기하였다.

"꿈속에서 모든 식구가 화장터에 있었어요. 할아버지가 돌아가셨거든요. 관은 이제 막 커튼 뒤로 가려질 참이었죠. 그때 목사님이 말씀하셨어요. '이제 시드니 G는 화장되었습니다.' 바로 그때 관 속에서 덜컹거리는 소리가 났어요. 관이 서서히 열리기 시작했고 할아버지가 관 밖으로 나왔어요. 그 후로 모든 것이 예전처럼 다 좋아졌어요."

맥스웰의 어머니는 그의 말에 덧붙였다. "아버님이 돌아가신 지 3일 후에 남편 역시 맥스웰과 비슷한 꿈을 꾸었어요. 남편은 노크 소리를 들었고 의사가 아버님과 함께 나타났다고 해요. 의사는 아버님을 병원으로 옮겼고 목에서 뭔가를 제거했는데 이젠 모든 것이 괜찮아졌다고 했어요. 원래 남편과 맥스웰은 꿈을 거의 기억하지 못했지만, 이 꿈을 꾼 뒤에는 남편과 아이 모두 그 꿈을 잘 기억해 냈어요. 다음 날 우리는 그 꿈과 아버님의 죽음에 관해 더 진지한 대화를 나누었지요. 맥스웰은 이제 할아버지가 천국에서 할머니와 행복하게 계시다는 것을 알았고, 할아버지가 계속 우리와 함께 있기를 바랐다고 했어요."

맥스웰은 죽음에 관해 자유로이 대화할 수 있는 어머니가 있다는 점에서 행운아다. 위대한 과학자이자 당대의 선구자였던 찰스 다윈Charles Darwin은 일생 동안 만성적인 질병으로 고생하였다. 몇몇 입수된 증거를 살펴볼 때 그의 좋지 못한 건강의 원인이 정신적인 질환에 있었음은 분명하다. 그의 어머니는 그가 아홉 살 때 사망하였고, 세 명의 여자 형제 중 두 명은 어머니의 이름이 언급되는 것조차 허락하지 않았다. 다윈은 몇 년 후 어머니에 대해 아무것도 기억하지 못하는 자신을 발견하게 된다. 그 강압적이던 금기는 무의식 저편의 어두운 곳으로 그의 고통을 이끌었다. 그것에 대한 표현이 바로 질병으로 이어져 드러났던 것뿐이다. 이렇듯 꿈속에서의 죽음은 삶의 한 시기의 종결인 동시에 또 다른 시기의 시작을 상징한다.

상실에 대한 예견

아이들은 죽음에 대해 자주 생각하고 꿈꾼다. 그들은 애완동물의 죽음이나 TV 프로그램 혹은 책을 통해 자극이 되어 사건을 떠올리게 된다. 열 살의 헬렌은 학교에서 『톰의 심야 정원Tom's Midnight Garden』을 읽고 꿈을 꾸게 되었다. 그녀는 내게 다음과 같이 말하였다.

"나는 훈장, 편지, 사진과 같이 전쟁 유품들로 가득한 할머니 댁에서 자고 있었어요. 자다가 꿈을 꾸었는데 꿈에서 나는 제2차 세계대전에 참전한 군인이었죠. 나와 다른 많은 병사들은 한 겨울의 숲 속에 있었어요. 모든 나무들은 가지만 무성했고 땅에는 눈이 소복이 쌓여 있었어요. 날씨는 엄청나게 추웠고 저는 커다란 트렌치코트를 입고 있었어요. 우리는 우리에게 총을 발사하는 독일 병사들로부터 도망치고 있었어요. 그러다 나는 총에 맞아 쓰러졌지요. 내가 한 마지막 말은 이거였어요. '오 하나님, 제발 저를 살려주세요.'"

열 살의 그레타는 무당벌레를 발견하였다. 그 무당벌레를 애완동물로 키우고 싶어서 다른 아이들처럼 성냥갑 속에 집어넣었지만 곧 죽어 버렸다. 그 뒤 갑작스레 그녀의 여동생이 죽게 되었고, 불안한 꿈들은 그레타를 괴롭히기 시작하였다. 그녀는 거대한 달팽이 같은 생물체가 그녀의 집 바깥벽을 타고 올라와 침실로 들어오는 꿈을 꾸었다. 그녀는 반복적으로 끝없이 펼쳐진 공동묘지 안의 겹겹이 교차한 회색 줄에 대한 꿈을 꾼다. 꿈속에서는 끝도 없이 이어진 묘비들이 쓸데없이 반복될 뿐이었다.

　이 꿈은 죽음과 관련된 꿈에서 공통적으로 발견되는 특징을 가지고 있다. 일례로 그레타의 꿈속에서는 갖고 싶었던 무당벌레를 무고하게 죽인 그녀의 죄책감이 묻어난다. 예민한 열 살짜리 여자아이에게 각종 벌레들이 꿈에 나타나 그녀에게 복수하려고 한다고 느껴지는 것이다. 그리고 그녀의 앞에는 여동생의 죽음이라는 거대한 사건이 나타났다. 이로써 그레타는 죽음이 끝없이 계속된다는 것을 깨닫게 되고, 많은 꿈이 그녀가 피할 수 없는 진실을 상기시켜 준다. 이러한 그녀의 꿈들은 정신적 외상에 대처하는 다음 과정의 일부분이다. 또한 그 꿈은 그녀로 하여금 강력한 진실에 대해 숙고할 수 있게 해 준다. 그것은 그녀의 마음이 생각하고 반성할 수 있는 여지를 마련하여 주는 하나의 방법인 것이다. 우리는 빠르게만 돌아가는 아이들의 삶 속에서 잠깐의 여유조차 없다는 것을 알아야 한다.

　그레타의 달팽이 꿈 역시 벌레가 자신을 잡아먹을 거라는 의식적인 생각들과 여동생의 죽음과 그 후의 일들에 대해 갖고 있는 끔찍한 공상들을 보여 준다. 즉, 꿈은 그레타의 생각들이 표현되게끔 하는 것이다. 한 아이가 "벌레가 그 아이를 잡아먹을까요?"라고 묻는다면, 일반적으로 그런 질문을 하지 말라는 꾸중을 듣고 아무 말도 못하게 될 것이다. 그러나 아이는 그 생각을 쉽게 떨쳐 버리지 못하기 때문에 어떤 식으로든지 다루어져야만 한다. 따라서 이러한 일들을 통해서 꿈의 과정이 이루어진다고 말할 수 있다.

급사

슬픔은 죽음에 대처하기 위해 꼭 필요한 것이다. 죽음에 대해 다양한 반응을 보이는 것은 지극히 정상적인 일이다. 예를 들어, 슬픔을 느끼는 것, 계속되는 문제들을 해결하지 못하고 남겨 두었다는 것에 대해 화가 나는 것, 더 잘 해 주었어야 하는데 그러지 못한 데서 오는 미안함을 느끼는 것 등이다. 이러한 반응은 모두 예상되는 반응이다. 그러나 예상치 못한 죽음이나 일반적인 상황이 아닐 때의 죽음에서 오는 슬픔은 훨씬 더 해결하기 어려운 경험이 될 수 있다. 미국의 미술치료가 펠리스 코헨Felice Cohen, 1978은 마크라는 어린 남자아이와의 치료과정을 기록해 놓았는데, 마크의 남동생은 마크와 함께 불장난을 하는 도중 부주의로 인해 그만 불에 타 죽게 되었다. 그 사건이 있은 지 2년 후, 마크는 그녀에게 치료를 받으러 왔다. 그때 그는 다양한 문제 중상을 보였는데, 강박적으로 음식을 먹거나, 자신을 물고 때리며 가족과 친구들에게 싸움을 걸었다. 그는 계속해서 스스로 처벌받기를 원하는 것처럼 보였다. 상황은 더 이상 견딜 수 없을 만큼 커져 버렸다.

마크의 부모는 이 문제에 대해 드러내 놓고 슬퍼하지 않았으며 마크는 무시당하고 위로받지 못한 채로 남겨졌다. 그들은 홀로 남은 아들 마크에 대한 양가적인 감정에 대처하기가 힘들다는 것을 깨달았다. 펠리스는 마크가 미술치료를 시작한 지 4개월이 지나서야 화염이 그를 뒤덮는 고통스러운 꿈에 대해 설명하였고 그림으로 고통을 그리기 시작했다고 말하였다. 그녀는 마크가 왜 장례식에 가면 안 되는지, 왜 부모님이 스코티에 대해 아무 말도 못하게 했는지, 어째서 마크는 죽지 않고 살아남을 수 있었는지에 대해서 물어보았다. 이때가 바로 치료의 전환점이 되었다. 이때까지 그 누구도 무슨 일이 일어났는지 설명해 주지 않았고, 그 누구도 비극적인 사건을 '사고'라고 부르지 않았다. 스코티가 어디론가 붙잡혀 갖고 그 누구도 동생에 대해 말하면 안 된다는 생각만이 마크의 마음속에 가득 찼었다. 그로부터 3개월 후, 마크가 치료시간에 자신의 슬픔을 표현하게 되고 본인이 남동생을 죽이지 않았다는 사실을 깨달으면서 근본적인 문제들이 해결되었다. 이로 인해 마크와 그의 부모는 좀 더 감정적으로 솔직해질 수 있었고 한 가족이 문제를 공유하게 되었다.

우리는 아이들에게 무엇을 말해 줄 수 있는가

매우 어린아이들은 슬픔을 자주 느낀다. 정신과 의사였던 존 볼비John Bowlby, 1985는 아이들의 삶의 애착과 상실에 관한 연구를 통하여 15개월 된 아이들도 이미 성인들이 느끼는 것과 똑같은 방식으로 상실을 경험한다고 결론지었다. 아이들은 슬픔의 4단계를 공통적으로 거치는데, 때때로 우발적인 격렬한 분노 또는 불안을 수반하는 초기의 무감각 단계, 그 후 상실한 사람을 찾고자 열망하는 단계, 혼란과 절망의 단계, 그리고 마지막으로 이전의 모든 단계를 잘 거쳤을 때 나타나는 상실에 대한 화해와 수용의 단계가 그것이다. 이러한 부정, 분노, 죄책감 그리고 수용에 이르기까지 슬픔의 과정은 몇 달간 지속되며 대개는 2년의 시간이 필요하다. 아이들이 죽음에 관해 금방 잊어버릴 거라는 믿음은 잘못된 것이다. 이것은 사실과 다르기 때문이다. 그러므로 시간을 두고 끈기 있게 그들을 지켜보아야 한다.

앞서 살펴보았듯이, 아이들은 죽음에 대해 꿈을 꾸며 생각한다. 아이들이 그러한 꿈을 꿀 때 꿈에 대해 무조건 걱정하지 않아도 된다고 말해 주는 것만으로는 별 소용이 없다. 어린 나이일 때부터 아이들은 솔직하고 간단하면서도 직접적인 설명을 필요로 한다. 만약 부모 중 어느 한쪽이 죽는다면, 남겨진 다른 한 부모 역시 슬픔에 휩싸여 아이의 슬픔까지 돌볼 여력이 없어진다. 그 아이가 안정과 부모의 사랑을 필요로 할 바로 그때, 아마도 친척들 중 누군가에게 보내져 그가 이제껏 누려 왔던 일상적인 생활의 안정감도 느끼지 못한 채 견뎌야 할 또 다른 분리를 경험할지 모른다. 아이들은 죄책감을 느끼지 않으면서 아픔과 상실의 경험을 통해 어려움을 이겨 나갈 필요가 있다. 즉, 가족이 함께 슬퍼하는 것 자체가 강력한 치유의 경험이다.

주제의 변화들

아이들이 경험하는 상실에는 여러 부류가 있다. 다른 지역이나 다른 나라로 이사하는 것은 아이들의 삶에 큰 변화를 초래하는데, 이때 꿈을 이용해서 아이들의 느낌을 표현할 수 있게끔 도울 수 있다. 열한 살의 헬렌이 이사하기 전에 이사 후의 상황에 대하여 몇 차례에 걸쳐 꿈을 꾸었다.

> "꿈속에서 나는 새로운 사람들을 상상해 봤지만, 오랜 내 친구 들도 모두 꿈속에 나타났어요."

이사한 지 7개월이 지난 후에도 헬렌은 오래된 친구들과 새로운 친구들이 동시에 나오는 꿈을 꾼다고 말하였다. 아이들이 새로운 장소에 적응하는 데는 시간이 걸리기 마련이고, 아이들과 다른 말투, 억양을 가지고 있다는 것이 몇몇 아이들에게는 새로운 학교에 적응하는 것을 더욱 어렵게 만들 수도 있다.

> "때때로 나는 다시 비행기를 타고 이라크로 돌아가는 꿈을 꾸는 데, 어떤 사람들이 비행기를 납치한 뒤 나를 죽였어요."
>
> ─바샤르(11)

사람뿐 아니라 나라 역시 상실의 대상이 될 수 있다. 영국에서 잠깐 살게 된 이라크 소년 바샤르는 "나는 다시 우리나라로 돌아가서 친구들과 파티하는 꿈을 꾸어요."라고 말한다. 이러한 그의 꿈에는 집에 가는 소원 성취의 요소와 두려움이 혼재되어 있다. 그의 뿌리인 조국의 상실에는 그가 전쟁이 벌어지는 곳으로 다시 돌아가면 어떤 일이 벌어질지에 대한 두려움도 함께 담겨 있다.

특히 아동이 고학년이 되어 다른 학교로 전학 갔을 때 아이는 더 불안한 꿈을 꾸기가 쉽다. 모든 변화는 아이들에게 스트레스를 주며, 두려움을 커지게 하고 그들이 맞이하게 될 새로운 상황에 대해 불안한 생각을 갖게 한다. 아이들의 고민을 경청하고 그들에게 정보를 주는 것과 아이들 스스로 새로운 학교에 익숙해지는 것 모두 두려움을 경감시키는 데 도움을 준다. 꿈은 당신의 아이가 어떻게 적응할 수 있는지에 대한 많은 것을 이야기해 주기 때문에 특별히 꿈 이야기에 주의를 기울여야 한다. 아이가 새로운 환경에 성공적으로 적응하지 못했다면, 불안한 꿈과 수면 문제는 더욱 악화될 것이다.

전쟁의 충격

전쟁을 꿈으로 꾸는 아이들

무기는 그 주인조차 해친다.

-터키 격언

1945년 이래로, 세계는 단 하루도 평화로운 날이 없었다. 무력
충돌은 지구 곳곳에서 일어났다. 베트남, 모잠비크, 남아프리카공화
국, 레바논, 아일랜드, 포클랜드, 보스니아 등이 이에 해당된다.
2001년 9월 11일의 세계무역센터 참사사건은 미국과 전 세계를 혼
란에 빠뜨렸다. 직접 그 광경을 목격하거나 TV를 통해 본 아이들과
어른들은 모두 충격에 휩싸였고, 불안한 꿈과 악몽을 꾸는 경우가
증가했다고 보고된 바 있다. 이것에 대한 즉각적인 반응으로, 꿈연
구협회는 이들을 돕기 위해 24시간 도움창구를 설치하였다. 세상이
혼란스러워 보일 때, 아이들의 꿈에는 그들의 두려움이 반영된다.
그렇다면 이러한 것들은 아이들에게 어떤 영향을 끼치는가?

놀이는 아동의 성장에 있어서 참으로 중요하다. 아동 연구의 권
위자인 영국의 위대한 심리분석가 도널드 위니콧Donald Winnicott 박사는
"놀이는 어린 시절의 생산활동이다."라고 말하였다. 놀이를 통해 아
이들은 세상에 대한 그들의 지식을 표현하고 그것에 숙달하려는 시

USA 모자를 쓰고 총을 쏘는 남자아이

도를 한다. 또한 놀이를 통해서 그들은 기술을 연마한다. 그러나 알바니아, 팔레스타인 그리고 이스라엘 같은 무력 충돌이 벌어지는 나라에서는 아이들이 장난삼아 테러리스트와 괴한이 되고 전쟁놀이를 하는 모습을 보게 된다. 또 그들이 아무런 힘도 쓰지 못할 때일수록 더욱 강력해지고 지배적인 큰 힘을 가진 것처럼 놀이를 한다는 것이다. 장난감을 가지고 놀 때도 아이들은 수동적이기보다 적극적인 행동을 취하는데, 이는 사실 건강하게 성장하고 있다는 증거다. 아이들이 꾸는 전쟁에 대한 꿈 연구를 통해 우리는 그것들을 놀이와 갈등해결의 기초로 이용할 수 있다. 아이들에게 무엇을 하라고 말해 주기보다는 오히려 아이들이 하는 대로 따라 가라. 그러한 방법이 오히려 당신에게 아이가 어떻게 세상을 보고 있는지 더 많이 알게 해 줄 것이다.

우리는 최악의 분쟁을 겪고 있는 북부 아일랜드 지방에 사는 많은 아이들을 통해 꿈이 이러한 사실을 반영하고 있음을 발견하였다. 그들은 테러리스트, 괴한, 장례식이나 전쟁 등의 꿈을 꾸었다. 벨파스트Belfast 지방의 끔찍했던 밀타운Milltown 공동묘지 습격사건에서 삼촌을 잃게 된 열두 살의 니콜라는 다음과 같은 꿈을 꾸었다.

"우리가 이제 막 새집으로 이사를 와서 짐을 풀고 있을 때, 나는 위층에서 장난감들을 정리하고 있었지요. 그때 총소리가 들렸고 뒷마당에서 총을 든 한 남자를 보았어요. 그래서 나는 아래층으로 달려가 엄마와 아빠에게 말했어요. 엄마 아빠가 나가서 확인하고 들어왔는데 아무것도 못 봤다는 거예요. 근데 그날 밤 엄마가 커튼을 달고 계실 때 창문에서 얼굴에 온통 피범벅이 된 한 아저씨를 보았어요. 그 아저씨는 소리쳤어요. '니콜라야, 니콜라야!' 그런데 사실 그 소리는 엄마가 학교에 가라고 날 깨우는 소리였어요."

꿈속에서 피로 물든 아저씨가 니콜라를 찾고 있었고 그녀는 이 사실이 무서웠다. 그녀의 부모가 일상생활 속에서 니콜라가 얼마나 많은 두려움을 느끼는지 알지 못한 것처럼 처음에는 이 침입자에 대해서도 알지 못하였다. 니콜라는 우리가 꿈을 꾸는 이유 중의 하나가 우리가 가진 불안감을 완화시키기 위함이라고 알고 있었다. 니콜라는 다음과 같이 말하였다.

"우리는 문제를 이해하기 위해 혹은 스트레스를 일으킬 만한 무언가를 마음속에 가지고 있기 때문에 꿈을 꾸어야 하고 그것을 다시 생각해 보아야만 해요."

열 살 엠마의 아버지는 어느 날 밤 벨파스트의 알도인Ardoyne 지역에서 집에 오는 길에 총격을 당하였다. 그녀는 꿈을 꾸었다.

"언젠가 한 군인 아저씨에 대한 꿈을 꾼 적이 있어요. 그 아저씨는 내 눈앞에서 총에 맞았어요. 그리고 나도 눈에 세 발이나 총을 맞았어요. 그래서 나는 그 군인을 쏜 사람이 누구인지 전혀 알 수 없었어요."

끔찍한 장면을 그저 멍하게 목격했던 아이는 무서운 꿈속에서 자신 역시 희생자가 된다. 많은 아이들의 꿈은 편이 갈려져 어느 편이든 상관없이 주둔하고 있는 군사 집단에 대한 두려움을 표현한다. 전쟁 지역에 살고 있는 많은 아이들과 같이 그들 자신이 어린아이에 불과하기 때문에 특별한 관심을 받지 않는다고 생각한다.

아이들은 스스로 그들이 꾸는 악몽에 대해 설명할 시간이 필요하고, 그들이 혼자가 아니라는 사실과 단지 불안한 꿈을 꾸고 있다고 해서 그들이 나쁘거나 미친 사람이 아니라는 사실을 확인받을 필요가 있다. 아이들에게 그들이 꾸는 악몽은 살아가는 동안 받는 스트레스의 한 증상임을 이해하도록 도와야 한다. 꿈 작업을 통해 그들의 경험을 터득하는 것은 또 다른 정서적인 치료로서 유용한 도구다. 이스라엘의 하이파에서 오프라 아얄론Ofra Ayalon이라는 심리학자는 이스라엘 아이들과 함께 수업을 하면서 아이들이 불안감에 대해 적절히 대처할 수 있게끔 도와주었다. 충격적인 사건들 또는 앞으로 일어날지 모르는 비행기 습격이나 폭파와 같은 사건에 대하여 근본적으로 이해함으로써 아이들은 더 이상 당황하지 않을 것이다. 그들이 여전히 슬프다 할지라도 자신들이 가진 두려움을 공유함으로써 고립된 공포감에 시달리지는 않을 것이다. 이렇게 함으로써 아이들은 악몽에 대해 보다 잘 대처하며 살아갈 수 있다.

전쟁에 대한 꿈은 아이들이 할머니에게 들은 이야기, 영화, 학교의 역사 수업, TV 뉴스와 같이 다양한 경로를 통해 발생된다. 그들은 전쟁에 대해 배우고 두려움을 경험한다. 전쟁 지역에 살고 있는 아이들은 그들의 꿈속에서 나타나는 공포에 질려 있다.

열 살의 루스는 러시아와 미국이 전쟁을 하고 결국 온 세계가 터져 버리는 꿈을 꾸었다. 그녀는 그림에 "도와주세요!"를 외치는 한 소녀와 "우리 아이들을 잃어버렸어요."라고 울부짖는 슬픈 얼굴의 한 여인을 그렸다. 바닥에 눈물을 흘리고 있는 그림 속의 또 다른 사람은 "우리는 모두 죽을 거예요."라고 말하고 있다. 루스는 모두가 죽게 될 것이고 전쟁이 끝난 뒤에는 아무도 살아남지 못할 것이라고 말하였다. 루스는 전쟁에 대한 직접적인 경험은 없었지만 그러한 영향을 받은 것이다.

전쟁에 대한 개인적인 경험은 심각한 충격을 남긴다. 탈랄 빈 압둘아지즈Talal bin Abdul-Aziz 사우디 왕자에 의해 진행된 연구에서, 레바논의 아이들 중 58%가 넘는 아이들이 내전으로 인한 스트레스와 관련된 질병으로 고통받고 있다고 밝혀졌다. 전쟁이 발생하는 곳에 가까이 사는 아이일수록 이와 유사한 스트레스를 받고 있으며 이것은 분쟁의 상처를 가지고 있던 북아일랜드의 아이들의 꿈속에서도 나타난다.

"가장 무서웠던 꿈은 폭탄에 관한 꿈이었어요. 나는 행복한 꿈이라고는 꿔 본 적이 없어요."

−제임스(7)

벨파스트에 사는 열한 살의 오를라는 그녀가 살던 곳에서 분파 갈등의 영향을 받은 후 다음과 같은 꿈을 꾸었다.

"꿈속에서 나는 화장실에 가기 위해 깼고 아래층에서 무언가 째깍거리는 소리를 들었어요. 나는 내려가 보았고 그것이 폭탄이라는 것을 알게 되었죠. 나는 소리를 지르며 모두를 깨웠어요. 가족들은 다 아래층으로 내려왔고 폭탄이 터지기 전에 집 밖으로 모두 빠져나갔죠."

연구를 위해 만났던 북아일랜드의 아이들과 '아이들의 꿈' 이라는 BBC의 다큐멘터리를 촬영한 당시 나와 인터뷰했던 사람들은 그들이 어느 '편' 에 있든지 모두 자신이 다치는 것에 대한 걱정스러운 꿈을 꾸었다. 그런 점에서 아홉 살 쇼나의 설명은 전형적이다.

"나는 보통 IRAIrish Republican Army(독립운동을 위한 아일랜드 공화국 군대-역자 주)가 우리 집을 부수고 쳐들어오는 꿈을 꾸어요. 나는 그들이 우리 가족 모두를 죽이더라도 나만은 죽일 수 없게 찬장 뒤로 숨어요."

핵 전쟁의 위협

『핵에 대한 인류의 대가The Human Cost of Nuclear War』의 저자이자 MIT의 정신의학 스태프 의사staff psychiatrist였던 에릭 치비안Eric Chivian 박사는 핵 문제에 관한 미국 아이들의 지식과 반응에 대한 연구를 통해 아이들은 그들의 문화에서부터 시작되는 두려움과 절망의 이야기에 대해 열중한다는 것을 발견하였다. 일곱 살의 한 소녀는 그녀가 천국으로 가서 '핵 전쟁에 대한 모든 문제'를 떠나 걱정 없이 살 수 있다면 좋겠다고 말하였다.

영국에서 초등학교를 다니고 있는 열한 살 마가렛은 이러한 꿈을 꾸었다고 하였다.

"언젠가 핵 전쟁이 일어나 아일랜드 땅이 폭파되어 가족 모두가 뿔뿔이 흩어지고 나는 어느 조그마한 땅에 겨우 붙어 있는 꿈을 꾸었어요. 온 세상은 모두 바다 아래로 가라앉고 말았죠."

마가렛은 어머니가 안심시키는 목소리 덕분에 깨어날 수 있었다. 그러나 당신이 원자력 발전소 주변에 살고 있고 당신의 아이가 '비상시'를 대비해 항방사능 약들을 구비해 놓는 학교에 다닌다면 과연 아이를 얼마나 안심시킬 수 있겠는가?

🌀 인종차별

안네 프랑크Anne Frank의 일기장에는 그녀가 밤에 꾼 꿈들과 평화를 바라는 강렬한 소망이 담겨 있다. 그녀는 끝내 벨젠 수용소에서 죽음을 맞이한다. 추방당한 1만 5천 명의 아이들이 있는 프라하 근처의 테레진 수용소에서 우리는 극심한 인종차별의 비참한 결과를 확인할 수 있었다. 안네 프랑크처럼 테레진의 아이들은 그들의 꿈에 관하여 글을 썼고 꿈이 그들을 비참한 현실로부터 벗어나게 해 주었

기에 이를 그림으로도 그렸다(Green, 1978).

유대인이든 비유대인이든 상관없이 수많은 아이들은 대학살의 꿈을 회상하였다. 열한 살의 폴은 자신의 꿈에 대해 다음과 같이 설명한다.

> "내가 꾼 가장 무서운 꿈은 독일군과 전쟁터에서 싸우고 있는 꿈이었어요. 나는 가스실에 갇혔어요."

유대인 청소년 집단 활동에 적극적인 열두 살의 한나는 가장 무서웠던 꿈이 그녀가 유대인 대학살에 휘말려 수용소에 갇히게 된 것이라고 말하였다. 문학수업 시간에 『안네 프랑크의 일기The Diary of Anne Frank』를 배우고 난 뒤 아이들은 안네의 이야기 속 인물들이 나타나는 꿈을 꾸었다.

지금도 많은 어린이가 인종차별로 고통을 당하고 있다. 예를 들어, 영국에서 파키스탄 부모를 둔 열 살의 나주아는 수많은 언어폭력과 위협적인 신체 공격을 수도 없이 당해 왔다.

> "가장 무서웠던 꿈은 내가 자전거를 타고 있고 아빠는 정원을 청소하고 있는데 한 남자가 오더니 저를 함부로 대하는 꿈이었어요. 그래서 아빠가 그에게 그만하라고 말했지만 그 남자는 아빠를 발로 차 버리고 어디론가 날 끌고 갔어요."

아시아인들이 거주하는 집에 수차례의 방화 사건이 일어났다는 기사가 언론을 통해 보도된 후 샤이스타가 말해 준 그녀의 악몽은 두 번 다시 말하고 싶지 않을 만큼 끔찍한 두려움으로 드러난다.

"나는 온 가족이 잠들었을 때 집에 불을 질러야만 했어요. 왜냐하면 어떤 두 사람이 집에 들어와서 나에게 집에 불을 지르라고 했거든요. 그 사람들은 아빠가 은행 지점장이라고 생각하고 아빠를 죽인 뒤 은행을 털려고 했던 거였어요. 하지만 저는 그렇게 하지 않았고, 결국 저 대신 그들이 불을 질렀죠."

-샤이스타(11)

이러한 꿈들의 중요성은 명백하다. 아이들은 그들이 어쩔 수 없이 껴안고 살 수밖에 없는 전쟁의 문제에 의하여 많은 영향을 받고 있다. 그리고 우리는 그러한 외적인 분쟁이 일어나는 동안 이러한 아이들에게도 여타 다른 곳의 모든 아이들과 마찬가지로 내적 갈등이 일어나고 있음을 기억해야 할 것이다. 유아기부터 청소년기까지 그들은 끊임없이 배우고 독립성을 키워 자발적인 개인으로 성장해 나갈 것이다. 그러나 어떤 일이든 꿈은 항상 함께할 것이며 아이들의 삶의 과정과 발달을 보여 줄 것이다.

이 그림은 나의 수호천사가 내가 잠든 사이
내 침대에 찾아와 나를 지켜준다는 내 꿈의 내용이에요.

10
등불: 꿈의 영적 차원

티코피안_{Tikopians}(폴리네시아 사람들을 일컫는 말)들에게 꿈은 영혼의 모험이다. 꿈을 꾼다는 것은 그 꿈을 꾸는 자들에게 영적인 세계의 증거가 된다. 꿈은 영적인 세계의 창조이자, 그 세계의 결과다.

−칼 오닐_{Carl W. O'Neill,}

『꿈, 문화, 사람들_{Dream, Culture, and the Individual}』

꿈은 모든 종교적 전승에서 중요한 역할을 해 왔다. 꿈은 예나 지금이나 깨어 있을 때는 보이지 않는 영역을 탐험하는 수단이 되어 왔다.

🌀 신의 기원

다른 종교에서도 그렇듯이 불교에서는 어떤 꿈은 신적인 기원이라고 믿는다. 버지니아 의대University of Virginia Medical School의 수면과 꿈 연구실의 책임자로 있던 로버트 반 더 캐슬Robert van der Castle은 『우리의 꿈꾸는 마음Our Dreaming Mind』에서 어떻게 부처의 어머니가 부처를 잉태하게 되었는지 설명한다. 꿈에서 네 명의 왕이 그녀를 산꼭대기로 데리고 갔고 네 명의 여왕이 그녀에게 예물을 바치고 그녀를 금으로 만든 성으로 데려갔다. 그곳에서 상아가 여섯 개 달린 코끼리가 나타나더니 고통 없이 그녀의 배를 갈랐다. 그녀가 잠에서 깨어났을 때 그녀는 임신을 확신하였고, 그 아이가 세계적인 지도자나 성인이 될 것이라 생각하였다.

> 내 말을 들으라. 너희 중에 선지자가 있으면 나 여호와가 환상으로 나를 그에게 알리기도 하고 꿈으로 그와 말하기도 하거니와.
> ─민수기 12장 6절

기독교에서도 꿈을 통한 계시를 중요하게 여긴다. 성경에는 20개가 넘는 신의 계시가 나타나 있고, 이들 중 일부는 역사를 바꾸어 놓았다. 이렇듯 아이들의 꿈을 다룰 때 꿈이 역사에서 얼마나 중요한지를 설명하는 것이 필요하다.

출애굽 사건은 세 가지의 꿈과 연결되어 있다. 첫 번째는 헤롯Herod에게 돌아가지 말 것을 경고하는 현자의 꿈이다. 두 번째는 천사가 거룩한 가정에 나타나 헤롯을 피해 이집트로 도망가라고 경고하는 꿈이다. 세 번째는 헤롯이 죽어서 요셉Joseph이 이스라엘로 돌아오게 되는 꿈이다. 그러나 빌라도 총독Pontius Pilate은 아내가 꾼 꿈의 경고를 듣지 않았다. 십자가 처형의 날, 그의 아내는 자신이 예수에 대해 꾼 꿈을 이유로 들며 바라바Barabbas 대신 예수를 풀어 주라고 빌라도에게 간청하였다.

성 요한 크리소스톰St John Crysostom, CE 347~407은 꿈의 중요성을 설교하면서 꿈이 하나님과 연관되어 있음을 언급하였다. 또한 그는 우리가 꿈에 대해 책임질 필요가 없으므로 꿈에서의 모습이나 행위 때문에 수치스러워할 필요가 없다고 말하였다. 그가 개종하기 9년 전에 그의 개종에 대한 꿈을 꾼 그의 어머니가 크리소스톰에게 꿈에 대한 관심을 불러일으킨 것 같다.

많은 문화권에서는 환상과 꿈에서의 신적인 계시가 분리되지 않는다. 예언자 모하메드Mohammed는 이 두 가지 상태 모두에서 영적인 지시를 받았다. 그는 그의 첫 계시를 꿈에서 받았고, 이슬람의 새로운 종교를 찾아 나서야 함을 알게 되었다. 『밤 여행 그리고 오름The Night Journey』에서 알려져 있듯이 그의 가장 중요한 꿈은 그를 우주의 신비로 안내하였다.

🌀 종교적 영향

일반적으로 꿈은 아동의 종교적 경험을 반영한다. 그 경험은 아이에게 안정감을 제공할 수도 있고 불안을 일으킬 수도 있는데, 다음 두 가지 예를 통해 자세히 살펴보자.

"누나 두 명과 함께 사막의 나라로 도망갔는데 물의 왕이 나타나서 사막의 나라를 통째로 들어서 우리를 천국에 데려다 주었어요. 천국의 문 앞에는 날아다니는 천사들이 있었고, 천사들이 나를 반겨 주었어요."

-션(11)

"엄마가 이 집 근처는 얼씬도 하지 말랬는데, 나는 엄마 말을 듣지 않았죠. 결국 그 집에 들어가자마자 문이 잠겨 버렸어요. 커다란 악령이 나타나서 내 영혼을 데려갔어요. '안 돼, 내 영혼을 가져가지 마!' 라고 소리치다가 꿈에서 깼어요."

-이먼(11)

어른들은 종종 "귀신이 너를 잡아간다."라고 말하곤 하는데, 이먼 역시 엄마한테 귀신이 자신을 잡아갈 것이라고 배웠다. 부모는 종종 이런 식으로 아이들에게 으름장을 놓지만, 이러한 공포는 부모

가 통제할 수 있는 범위를 넘어서서 아이의 마음을 불안하게 만들
수 있다. 벨파스트에 살고 있는 열한 살의 여자아이 바이올렛이 대
표적인 예다. 참고로 바이올렛은 가톨릭 신자다. 바이올렛은 악마가
침대 모서리에서 나타나 자신을 지옥으로 데려갈 때까지 계속 나타
날 것이라고 말했다.

> "가장 무서웠던 꿈은 내 친구 캐럴이 우리 집 초인종을 눌러서
> 내가 문을 열어 주었더니, 캐럴이 악마로 변하는 꿈이었어요. 아
> 빠가 위층에서 내려와서 망치로 악마의 머리를 내리쳤어요. 그러
> 자 악마는 강아지로 변했고, 나는 그 강아지를 집에서 키우게 됐
> 어요."
>
> ―카라(13)

이 꿈에서 카라의 아빠는 그 당시 존재하던 악령을 물리쳤다. 아
빠는 딸을 보호해 주었고, 그래서 카라는 자신이 무서워했던 친구
혹은 동물을 친구로 둘 수 있게 되었다. 카라가 걱정하던 것이 그녀
의 친구 캐럴이든 캐럴에게 투영된 어떤 두려움이든 간에 아빠의 보
호 덕분에 카라는 이 모든 것을 극복할 수 있었다. 이는 카라가 아빠
를 전적으로 의지할 수 있었기 때문이다.

이 세상과 저세상을 왔다 갔다 하는 것은 열세 살 다니엘에게는
고통스러운 경험이었다.

"태어나서 가장 무서웠던 꿈은 내가 죽었는데 천국이 없다는 것

을 발견한 꿈이었어요."

절정 또는 초월적 경험

"하나님과 말하는 것은 마치 전화 통화를 하는 것 같아요. 하나
님을 직접 볼 수는 없지만 하나님이 듣고 있는 것은 알고 있으니
까요."

－미나(7)

『최초의 환영The Original Vision』에서 에드워드 로빈슨Edward Robinson
은, 모두가 아니라면 적어도 대다수의 사람들은 미국인 심리학자 에
이브러햄 매슬로우Abraham Maslow가 말하는 '절정경험peak experience'을
할 수 있다고 말했다. 이는 아이들도 그들의 일상세계를 넘어 평범
하고 이성적인 범위를 넘어서는 것들과 자신을 연결시킬 수 있다는
말이다. 어떤 아이들에게는 이러한 것들이 매우 불쾌할 수도 있는
데, 어른들이 아이들에게 꿈은 말도 안 되는 것이라고 하거나 망상
이라고 가르치는 경우가 특히 그러하다.

'절정경험'을 할 때 공간적 제약은 사라진다. 우주 안에서 고유
성을 체험하는 본인은 진실, 아름다움, 기쁨과 같은 내면적인 가치
를 깊게 체험하게 된다. 이때 물리적 세계의 중요성은 사라지고 자
기 자신이 부각된다. 즉, 우리는 스스로가 물리적으로 존재하는 육

체 이상의 존재라는 것을 인식하게 된다. 종교적 체험은 배타적으로 존재하는 것이 아니라 이러한 초월적 경험 혹은 절정의 경험과 연결되어 있다. 많은 성인들이 네다섯 살 때의 이런 기분을 기억하는 것으로 보아, 이러한 경험은 단지 성인들만의 것은 아니다. 여러분 곁에 있는 아이들도 초월적 경험을 하지만, 이야기할 상대가 없었을 뿐이다. 꿈을 매개로 함께하는 것은 아이들에게 영적인 세계를 설명하는 데 호소력 있는 방법이 될 수 있다. 꿈은 불가사의한 방식으로 하나님을 경험할 수 있는 가능성을 아이들에게 열어 줄 수 있다.

> "나의 가장 행복한 꿈은 내가 정원에 있는 꿈이었어요. 해가 쨍쨍한 어느 날이었어요. 나는 정원 정문 앞에 있다가 안으로 들어갔는데 거기에는 한 할아버지가 서 계시더니 이렇게 말했어요. '돌아가, 아가야. 더 많은 걸 경험하고 이곳에 오렴.'"
>
> —비키(10)

비키가 이 꿈을 꾸었을 때, 비키는 마치 천국 혹은 천국 문턱까지 다녀온 기분이었다고 말하였다. 그리고 조금 슬펐지만 그래도 기뻤다고 자신의 심정을 토로하였다. 비키는 그 지혜로운 할아버지와 함께 정원에 계속 머물고 싶었지만 그 정원이 자기를 위해 항상 그곳에 있을 거라는 믿음이 있었기 때문에 언젠가 다시 그곳에 돌아올 것이라고 생각했다.

"내 최고의 꿈은 나와 하나님이 나오는 꿈이었어요."

−안소니(10)

사후세계

"할아버지가 돌아가셨을 때, 할아버지가 나에게 오셔서 '잘 자.
잘 있어.' 라고 말하는 꿈을 꾸었어요."

−윌리엄(8)

죽은 사람이 나오는 꿈은 사후세계에 대한 내용을 담기도 한다.
죽음을 앞둔 사람들에 대한 방대한 연구를 한 융학파의 정신분석학
자 마리 루이제 폰 프란츠Marie-Louise von Franz는 꿈은 사후세계로 이어
지는 심도 있는 변화를 준비하는 여정으로 해석될 수 있다고 말했
다. 나는 이 부분을 『꿈, 상담, 치유Dreams, Counselling & healing』에서 깊이
있게 다루면서 언급했는데, 아이들도 사후세계에 대한 꿈을 꾸므로
이런 꿈에 대해 보다 깊은 관심을 갖고 살펴볼 필요가 있다.

야곱의 꿈

야곱은 형으로부터 도망치고 있었다. 날이 어두워지자, 야곱은 형이 따라올 수 없는 특별하고도 신성한 장소에 도착했다. 그곳에서 그는 아침이 올 때까지 머물기로 했다. 이곳이 다른 장소에 비해 안전하다고 느꼈기 때문에 베개로 사용할 만한 부드러운 돌까지 찾아왔다. 그는 자리를 잡고 눕자마자 곧 잠이 들었다. 자는 동안 그는 신기한 꿈을 꾸었다. 꿈속에서 그는 자신의 베개 바로 위의 하늘로 나 있는 계단을 보았다. 눈부시게 아름답고 환한 빛은 계단을 비추었고 오르락내리락하는 천사들이 많이 보였다. 그는 눈앞에 펼쳐진 상황들에 무척 놀랐고, 무엇보다도 그가 어딜 가든지 자신의 옆에서 보살펴 주겠다고 말하는 하나님이 서 있는 생생한 꿈을 꾸게 되었다.

• 야곱이 잠에서 깨어났을 때 기분이 어땠을까요?

• 천사들은 무엇을 하고 있었을까요?

• 어떤 소리가 당신에게 말하는 꿈을 꾼 적이 있나요?

야곱의 사다리에 대해 좀 더 알아보기

활 동

• 꿈을 그리시오.

땅과 하늘 사이의 관계

• 야곱의 꿈에서, 야곱은 땅과 하늘을 잇는 사다리를 가지고 있었습니다. 또 어떤 것들이 하늘과 땅을 이어 줄 수 있을까요?

내 생각에는:

다리

무지개

『잭과 콩나무』에서 나오는 것과 같은 나무

로켓

천 사

"내가 다섯 살 때 병을 앓고 있었는데, 천사가 내 방에 나타났고 엄마가 천사에게 내 병에 대해 이야기하는 꿈을 꾸었어요. 그 후 천사는 내게 축복을 내려 주었고, 나는 금세 병이 나았어요. 꿈을 꾼 후, 실제로 내 몸은 점점 나아졌어요."

-애슐리(13)

천사는 신과 사람 사이를 중재하는 영적인 존재로 정의되는데, 꿈에 자주 출현한다. 요셉은 가브리엘 천사가 꿈에 나타나 마리아가 임신을 했고 예수라고 불릴 사내아이를 낳을 것이라고 말해 주는 꿈을 꾸었다.

"전 꿈에서 예수님의 제1천사가 되었어요. 예수님이 저를 따뜻하게 맞아 주었고 저는 그런 제가 자랑스러웠어요."

-패티(7)

마틴 그리미트Martin Grimmitt 외 다수가 공저한 『아이에게 도착한 선물A gift to the Child』에서 한 선생님은 그녀의 수업시간의 경험을 천사나 꿈에 연관시켰다. 그녀는 자신의 일을 학생들의 꿈에 반영하여 다음과 같이 말하였다.

이제 나와 그 아이들 사이엔 어떤 유대감이 형성되었는데, 특히 우리가 꿈에 대해 이야기를 나누는 중에 꿈에 천사가 개입한 이후 부터는 더욱 그랬어요. 아이들은 자신의 신념과 내적 자아에 대해 더 많이 이야기했고, 금방이라도 이전보다 더 속 깊은 이야기를 할 태세였죠. 부모들도 이러한 점을 많이 느끼는데, 얼마나 아이들의 마음이 열려 있고 솔직한지를 보면 알 수 있어요. 그 효과는 보이지는 않지만 무척 대단하고 놀라워요.

랭커셔Lancashire 주에 사는 열두 살 밀리는 밤새 침대 끝에 앉아서 자신을 돌봐 주는 수호천사가 나오는 꿈을 꾸었다. 열두 살 애드리안의 가장 행복한 꿈은 살아 있는 친척은 물론 죽은 친척들까지 모두 다 같이 천국에 있는 꿈이다. 애드리안은 그 행복한 꿈 중 하나를 다음과 같이 묘사했다.

"우리는 설탕 풍선 위에 둥둥 떠 있었어요. 풍선 안에서 푸르스름한 빛을 보았는데 거기에는 내 얼굴도 있었어요. 나는 무척 행복해 보였어요. 그리고 나서 얼마 후 잠에서 깼어요."

이런 꿈은 아이에게 죽은 친척들과 다시 만나는 행복한 경험을 하게 하는 것은 물론 위로받을 기회를 준다.

생생한 꿈

생생한 꿈lucid dreaming은 여전히 REM 상태임에도 자신이 꿈을 꾸고 있음을 알고 있다는 점에서 일반 꿈과 구별된다. 이런 각성상태는 꿈을 통제하려는 능력에서 기인한다. 즉, 자기 자신이 행동을 지시하고 꿈에서 일어날 일들을 선택하는데, 이따금 자신이 날아가는 꿈을 꾸기도 한다.

옥스퍼드의 정신-신체연구소Institute of Psycho-Physical Research의 책임자 셀리아 그린Celia Green은 비록 새로운 현상을 발견한 것은 아니라도 처음으로 '생생한 꿈lucid dreams'이라는 용어를 사용했다. 19세기 귀족 마르퀴즈 드 상-데인Marquis de Saint-Denys은 『꿈과 꿈의 안내Dreams and How to Guide Them』라는 고전을 출간했는데, 이 책은 온통 꿈을 통제하는 내용이 담겨 있다. 다른 문화권들도 생생한 꿈의 용례를 보여 준다. 티베트인들은 예언과 치료를 위해 통제된 꿈을 의식화하였고, 말레이반도에는 세노이 아이들이 밤의 공포를 정복하는 방법을 배우는 꿈나라 학교가 있다.

말레이시아의 세노이 인디언Senoi Indians은 문화의 일부로 꿈을 통제하는 것을 훈련하고 발달시킨다. 그들의 온화한 공동체는 가능한 한 어린 나이 때부터 자신의 꿈에 대해 말하는 것을 장려하며, 그 꿈을 유심히 다룬다. 아이가 꿈에서 공포를 경험하면 공동체는 아이가 그 꿈을 묘사하게 하고 그 무서운 동물이나 괴물에 대해 말하게 하며 그 꿈을 재연하게 한다. 그의 가족과 친구들은 책임을 나눠 가지면서 당사자가 그 무서운 상황을 잘 해결해 낼 수 있는 방법을 함께 모색한다. 그 후 다시 무서운 꿈을 꾸면 공동체는 아이가 꿈에 직면하여 극복하도록 격려한다. 기본원리는 그가 꿈속에서 위협에 직면하게 되면 실제 생활에서는 그것을 이겨 낼 수 있을 것이라는 믿음을 갖는 데 있다. 이것이 바로 우리가 아이들에게 줄 수 있는 해결책이다.

꿈을 통제하는 힘은 어린 시절부터 시작된다. 어떤 아이들은 꿈의 생생함을 얼른 포착해 꿈꾸는 도중에 스스로에게 "이건 꿈에 불과해. 나는 꿈에서 깰 수 있어."라고 말하며 스스로를 꿈에서 깨게 만든다.

🌀 심령현상과 꿈

수백 년 동안 사람들은 심령현상에 대해 궁금하였다. 기원전 2000년 드랄-마디나Deral-Madineh의 이집트 파피루스에서 꿈속 접신현상의 예가 발견되었으며, 신탁의 꿈은 국정 문제처럼 중대한 결정을 내릴 때 중요시하였다. 고대부터 전해진 꿈의 대부분은 예언적이나, 일부는 그 성격상 텔레파시적인 면도 있다. 케임브리지 대학교에서 고전을 가르치는 프레더릭 마이어스Frederick Myers는 '텔레파시telepathy'라는 단어를 19세기 그리스어의 기원에서 찾는데 Tele은 '먼'을, pathy는 '느낌'이라는 의미를 지닌다. 저명한 꿈 연구가 로버트 반 더 캐슬Robert van der Castle은 성경에서 꿈과 비전에 대한 70여 번의 언급을 발견했는데, 동방의 고대 베다 문학ancient Vedic literature(인도철학-역자 주)은 꿈을 이 세상과 다음 세상의 중간 단계로 간주한다. 미국의 꿈 연구가 켈리 벌케리Kelly Bulkeley 박사에 의하면 많은 문화권에서 '영혼'은 공간의 이동과 이 세계와 저 세계를 넘나들며 많은 것을 볼 수 있는 존재로 여긴다.

1882년 심령연구 영국협회British Society for Psychical Research가 설립되고, 충분한 고려 끝에 꿈 텔레파시는 과학적 연구대상으로 자리 잡았다. 1886년 설립자 중 세 명이 『환영에 관한 삶Phantasms of the Living』이라는 과학적으로 증명되지 않는 것에 대한 연구지를 출간하였다. 오늘날의 현대적인 연구원칙의 기준을 모두 충족시키지는 않지만, 이 책에는 엄격한 기준에 의해서 149개의 꿈 텔레파시의 예가 수록되어 있다. 텔레파시적인 꿈의 특징들과 그 원인들을 하나하나 살펴보면 아이들이 나에게 '이상한' 꿈이라며 말한 것들과 내용이 겹치는 부분이 많다.

아이들은 이러한 심령현상을 TV 프로그램, 신문, 책, 일상 대화를 통해 접하지만, 개인적 경험을 통해서도 알게 된다. 또한 아이들의 꿈에 대한 나의 연구를 보면 많은 아이들이 이러한 자신의 꿈에 대해 끊임없이 말하는 것을 알 수 있다. 이처럼 당신 자신의 경험이 심령현상에 대한 반응에 영향을 미치기 때문에 심령현상에 대한 개방적인 태도도 필요하다. 다른 양상의 꿈들을 다룰 때도 그렇지만, 특히나 아이들의 심령현상 경험을 경청하고 존중하는 것은 다른 어떤 꿈을 다룰 때보다 더 중요하다. 아이들에게 나타나는 심령현상은 생각만큼 드문 현상이 아니다. 프라자드J. Prasad와 스티븐슨I. Stevenson 이 900명의 인디언 학교 아이들을 대상으로 한 조사에 의하면 52% 가 꿈에서 심령현상을 경험했다고 응답했다.

많은 아동들은 성인과 마찬가지로 자신의 어떤 꿈을 심령적이라고 일컬을 때, "나를 미쳤다고 생각하지 마세요." "나는 민감할 뿐이지 이상하지는 않아요."라고 말한다. 그만큼 심령현상에 대한 금기는 여전히 강하다.

몽환적 투사와 유체이탈 경험

"진짜 아팠을 때, 내 몸이 붕 떠서 천장까지 닿았어요."

-게리(10)

공중으로 떠오르다

나는 어린아이들에게 이 책에 어떤 내용을 담으면 좋을지를 물어보았는데, 열네 살의 파피는 다음과 같이 말했다. "나는 우주선과 별나라에 관한 꿈을 꾸는 것이 황홀했어요. 자는 동안 영혼이 몸을 떠난다는 것은 놀랄 만한 일이에요. 선생님은 아마 아이들이 경험하는 별나라를 발견할지도 몰라요."

유체이탈out-of-body: OOB 경험은 자신이 육체로부터 나와 분리된 채 세상을 지각한다고 느끼는 것을 말한다. 열세 살의 비비엔느는 자신의 첫 번째 OOB 경험에 대해 말해 주었다. 그녀의 이야기에는 여러 개의 유사한 특징이 엿보였는데, 예를 들면 몸으로부터 떠올라서 위에서 내려다본다든지 몸으로 돌아올 때의 충격이나 뒤척임이 그러했다.

"나는 병원에 있었는데 의사가 나를 수술하고 있었고 내 영혼은 몸에서부터 떠올라서 똑바로 나를 바라보고 있었어요. 내 몸은 이미 죽어 있었지만 내 영혼은 살아서 내 육체를 흔들어 깨우려고 했고, 내 영혼이 몸으로 돌아갔을 때 침대가 요동치는 것을 느끼면서 잠에서 깼어요."

꿈을 꾸는 사람들은 자신의 실제 몸으로 돌아갈 때 어려움이나 좋지 않은 기분 등을 겪는다고 보고한다. 종종 아이들은 어떤 목소리나 사람이 자기에게 아직 육체로 돌아갈 시간이 아니라고 얘기해 준다고 말한다. 이런 경험은 대개 남들이 이를 비웃거나 자신의 말을 믿지 않을 것이라는 두려움과 경험으로 인해 비밀이 되기도 한다.

열두 살 매튜는 몸이 너무 아팠을 때 마치 유령처럼 몸이 천장까지 붕 뜨는 꿈을 꾸었다. 육체에서 분리되는 경험은 성경에도 기록되어 있는데, 전도서 12장의 '은줄'은 몽환의 육체와 실제의 육체를 연결시켜 주면서 영혼이 잃어버리는 것을 방지해 준다. 아이들은 꿈을 꾸고 있을 때처럼 깨어 있을 때나 약에 취해 있을 때에도 몽환적 여행 또는 OOB 경험을 한다고 보고한다.

이제 스물다섯 살이 된 디이는 어렸을 때부터 예지력이 있었고, 꿈에서 OOB 경험을 했다고 말한다. 디이는 누군가로부터 쫓겼던 것, 숨이 멎을 것 같았던 것, 꿈을 꾼 것들은 모두 기억했으며 육체로 돌아가야 한다는 것도 알고 있었다. 그녀는 이런 이야기를 나누는 것에 대해 두려워했는데, 아무도 그녀의 말을 들어 줄 것 같지 않아서였다. 그녀가 꿈을 꾼 것의 대부분은 현실화되었고, 그래서 그녀는 더 이상 꿈을 꾸는 것을 원치 않았다. 그녀는 자신이 남들과 다르게 뭔가 이상하다고 생각했지만, 나이가 들면서 이를 현실로 받아들였고, 자신의 비범한 통찰력을 사용하기 시작했다. 아이들과 그들의 꿈에 대해 이야기할 때는 꿈을 꾼 세계가 어떠했는지와 상관없이 그것을 모두 탐험할 수 있도록 허용하고 경험의 타당성을 인정해 주어야 한다.

"충돌 때문에 차가 찌그러졌어요. 뭔가에 부딪힌 기억은 없는데 내 몸에서 나올 때의 느낌이랑 위로 붕 뜨는 느낌이랑 내가 죽어

서 어디로 가야 할지 몰랐던 것은 기억이 나요. 고통도 공포도 없

었어요."

-메리사(13)

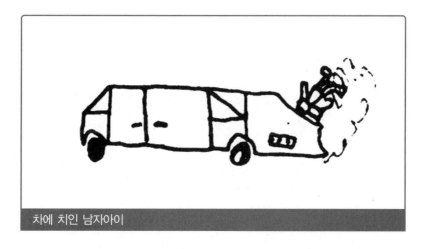

차에 치인 남자아이

『아기들의 입 밖으로Out of the Mouths of Babes』의 저자 아일린 쿡
Aileen Cooke은 의식이 있을 때의 심령 경험과 자고 있을 때의 심령 경
험을 모두 겪은 아이들의 사례를 많이 다루고 있다. 그녀는 '몽환
세계'를 여행하고 온 아이들에 대해 언급하고 있는데, 아이들은 모
두 실제 몸으로 돌아온 것을 후회한다고 한다. 왜냐하면 아이들은
자기가 발견한 아름다운 세계를 떠나기 싫어했고, 몸이 있어서 생
기는 성가신 일들이 싫었기 때문이다. 어떤 아이들은 사람들과 방
방곡곡을 보기 위해 하늘을 날거나 집에서 멀리 떨어진 곳에서 일
어날 내일의 일, 다른 방법으로는 절대 알 수 없는 사건들에 대해
이야기한다.

1962년 꿈과 심령현상을 연구하기 위한 꿈 연구소가 브루클린에 있는 마이머니데스 의학센터Maimonides Medical Centre에 설립되었다. 그 때부터 수백여 가지의 실험이 정신분석가 몬테규 울만Montague Ullman 박사의 지시하에 진행되었다. 이 연구들의 흥미로운 점은 철저한 과학적 조건하에 이루어진 많은 실험이 성공적이었다는 점인데 특히 꿈 텔레파시에 관련된 것이 그러했다. 꿈 상태에서 육감적 현상이 일어난다는 증거를 제공한 것이 무엇보다 특별했다.

앞을 내다보는 꿈anticipatory dreams

예지몽precognitive dreams은 아직 일어나지 않은 일에 대한 꿈이다. 꿈을 꾸는 사람은 그것이 무엇이든지 미래에 일어날 일을 알거나 꿈이 기이하고 괴상하여 뭔가 중요하다고 생각해 잠에서 깨어난다. 예지몽을 꾸는 사람의 꿈은 생생하고 특별한 빛이 존재하기 때문에 일반적인 꿈과 구별되는 특징이 있다고 보기도 한다. 또는 꿈에서 깨어나도 그것이 꿈이라는 것을 알게 될 증거가 있어야만 그 꿈을 예지몽으로 인식하기도 한다. 그들은 일기장의 내용을 훑어보면 꿈과 실제 사건들의 관계가 드러난다고 한다.

열 살의 안나 역시 미래에 대한 꿈을 많이 꾸는데 가족에 대한 소소한 일들이 꿈의 대부분이다. 안나는 아빠에게 꿈에 대해 말하곤 하는데, "미래 시간에 있는 내 꿈을 열심히 듣는 건 오직 아빠뿐이에요." 하고 슬프게 말한다. 심령적인 꿈의 경우에서 보았듯이, 꿈의 내용은 소소한 가족사일지라도 아이의 꿈에 대한 집중도는 여느 꿈과 확연히 다르다.

여러 인종 중 특히 흑인은 예지몽에 대한 강한 신념을 가지고 있다. 전통적으로 꿈은 그들에게 경고와 지시를 준 것으로 여겨진다. 노예제도 폐지론을 주창한 해리엇 터브먼Harriet Tubman은 수백 명의 노예들에게 자유를 주었던 지하 안 안전한 집으로의 연결 통로에 대한 꿈을 꾸었다. 1863년 해방이 되었을 때 그녀는 오히려 평온해 보였는데, 이에 대해 그녀는 사라 브래드퍼드Sarah Bradford가 『해리엇 터브먼: 흑인들의 모세Harriet Tubman: The Moses of her People』와 연관 짓듯이 "나의 사람들이 자유롭다! 나의 사람들이 자유롭다!"라며 3년 전 꿈을 통해 이를 미리 경축하였기 때문이라고 말한다.

일부 시력을 상실한 열한 살의 제르베즈는 기이한 꿈을 꾸었다.

"차에 치이는 꿈을 꾸었는데요, 그다음 날 진짜로 차에 치었어요. 꿈에서 봤던 거랑 똑같은 건널목이었어요. 그 후로는 병원에 대한 꿈을 많이 꾸어요."

제르베즈는 아마 그 교차로에 대한 무의식적인 두려움이나 경각심을 자아내는 청각적 단서들, 예컨대 앰뷸런스의 사이렌 소리 때문에 그런 꿈을 꾸었을지도 모른다. 혹은 어떤 예감 때문일지도 모른다. 그러나 제르베즈는 여느 아이들처럼 그의 꿈에 대해 아무에게도 말하지 않았다.

나중에 실현되는 꿈을 꾸는 많은 아이들은 이러한 경험을 즐기지는 않는다. 아홉 살의 레이첼은 이러한 꿈에 대해 명료하게 말했다.

"저는 실제로 일어나는 꿈을 꾸는데, 좋지는 않아요."

아이들은 꿈을 꾸면 꿈이 미래에 일어날 일을 미리 말해 준다고 믿기 때문에 두려움을 갖는지도 모른다. 그래서 아이들은 걱정한다. 그러나 꿈에서의 일이 실제로 일어날까 두려워 대개는 혼자서 속으로만 걱정한다. 열네 살의 웬디는 그런 불안을 이렇게 표현한다.

"나에게 가장 무서운 꿈은, 어떤 꿈을 꾸었는데 다음 날이나 그 다음 주에 그 일이 나에게 또는 꿈에 나온 어떤 사람한테 일어나는 거예요."

이런 불안을 해소하는 가장 좋은 방법은 그런 경우가 무척 드물지만 어떤 사람들은 예지몽을 꾸며 그것이 매우 유용할 수도 있음을 알려 주는 것이다. 어떤 사람들은 그런 꿈이 도움이 된다고 하는데, 이는 꿈이 우리에게 일어날 일을 미리 경고함으로써 이를 대비할 수 있게 해 주기 때문이다. 그런 꿈들은 조기 경보기의 역할을 한다고 볼 수 있다.

아이의 불안을 타이르는 한 가지 방법은 꿈을 일기로 남기게 하는 것이다. 이를 통해 아이는 꿈과 실제의 삶을 비교해 볼 수 있다.

사건과 관련된 꿈들을 정리해 놓으면, 아이는 진짜로 자신이 심령적인 꿈을 꾸는지 그것을 언제 꾸는지 알 수 있게 된다. 따라서 어른들은 아이가 꿈을 숨기거나 속이지 않고 솔직하게 말하도록 격려해 주는 것이 좋다.

열한 살 힐러리는 스트라벤Strabane에 있는 자신의 마을에 홍수가 나는 것을 며칠 전 꿈으로 꿨다고 한다. 힐러리는 운이 좋아서 다치지 않았지만 에릴은 그렇지 못했다. 1966년 열 살이었던 에릴 메이 존스는 엄마에게 꿈 이야기를 들어 달라고 졸랐지만, 엄마는 너무 바쁘다며 이를 거절하였다. 결국 에릴은 엄마에게 어떤 검은 것이 학교를 덮쳤다고만 꿈을 설명하였다. 그리고 나서는 등교를 거부하였다. 그러나 결국 그 운명의 날에 에릴은 학교에 갔고, 143명의 학생들이 웨일즈 애버펀Wales Aberfan에 있는 그 학교에 등교하였다. 에릴은 숯이 된 검은 석탄재 아래에 처참히 묻혀 있었다.

에릴은 석탄 지역 인근에 살고 있었기 때문에 그런 꿈을 꿨을 수도 있다. 그렇지만 재해에 대한 예감을 철저하게 조사한 컨설턴트 정신과 의사 제임스 바커James Barker는 에릴의 꿈 외의 다수의 꿈을 예지몽의 산물로 본다. 사실 바커 박사는 웨일즈의 그 지역뿐만 아니라 그 밖의 지역 사람들이 경험한 전조현상의 숫자에 너무 놀라서 1967년 영국 전조현상 연구소British Premonitions Bureau를 세웠다.

이제 열일곱 살이 된 델리아는 다음과 같이 첫 예지몽을 기억해 냈다.

"그 당시 저는 여덟 살이었어요. 수술실에는 외과의사 몇 명과 여러 불빛이 있었고 엄마는 거기서 소리를 지르고 있는 꿈이었어요. 저는 그걸 지켜보고 있었는데 엄마랑 떨어지게 되었어요."

델리아가 아홉 살 때 델리아의 엄마는 자궁절제 수술을 받아서 병원에 장기간 입원하였고, 딸의 방문이 허락되지 않았다. 델리아는 "그때부터 엄마와 나는 예지몽을 꾸었고, 정기적으로 이에 대해 집에서 자주 이야기를 나누었어요. 그건 비밀로 해야 할 주제가 아니었고 부모님과 친척들은 어렵지 않게 이를 받아들여요."

죽음

가족 일원의 죽음을 꿈으로 꾸는 경우는 그 사람의 신체적 변화를 어렴풋이 인지하기 때문이다. 또한 그런 꿈이 있기 전에 서로의 왕래가 없는 경우라면, 죽음을 알 수 있었던 것에 대해 설명하기란 참 어렵다. 꿈에서 그 날짜와 세부적인 사항까지 나온 경우는 더욱더 그러하다.

특히 어린아이들은 아는 사람의 죽음을 꿈으로 꾸고 그것이 현실화되면, 자신에게 책임이 있다고 느낀다. 지금은 성인이 된 로즈는 5~7세 때 살아 있는 사람들의 죽음과 그들의 장례식을 꿈으로 꾼 적이 있다. 여러 번 그 꿈들이 실현되었고, 그 죽음들이 모두 자기 때문이라고 강하게 믿었다. 열두 살인 루시는 자신의 꿈에 대해 다음과 같이 적었다.

"우리 할아버지는 정말 훌륭한 운동선수였어요. 할아버지가 돌아가시기 두 달 전에 나는 가족들과 지역 뉴스를 보다가 할아버지가 감사패를 받는 꿈을 꾸었어요. 그 감사패는 할아버지가 축구랑 또 다른 운동을 하는 사진들이 들어 있었어요. 그러더니 마지막에 대통령이 "이 감사패는 오늘 87세의 나이로 숨진 로버트 시드니에게 바칩니다."라고 말했어요."

그 꿈은 루시에게 할아버지에 대해 생각할 시간을 주고, 돌아가시기 전에 얼마나 할아버지를 사랑하는지를 말할 기회를 주었다. 또한 루시는 멀리 사는 친구의 소식을 듣는 꿈도 꾸었는데 다음 날 그 친구로부터 편지가 왔다. 루시가 말해 주길 이런 꿈의 경우 빛의 양이 평소 때의 꿈과는 확연히 다르다고 했다.

"어떤 꿈을 꾸고 나면 며칠 뒤에 진짜 꿈에서의 일이 일어나요. 친척 동생이 공원의 그네에서 떨어지는 꿈을 꿨는데 진짜 떨어졌어요. 또 친구랑 사우스포트에 가는 꿈을 꿨는데 다음 날 우리는 거기에 갔어요."

—마이클(11)

물론 이들 중 일부는 쉽게 설명될 수도 있다. 이는 아이가 이미 알고 있는 사건을 기대하는 경우에 해당된다. 이는 예지몽이라기보다 일종의 기대심리인데, 그렇다고 모두 다 이렇게 해석할 수는 없다. 열다섯 살의 엘레나는 실제로 일어난 두 번의 꿈에 대해 말한다. 그중 하나는 엄마가 사고를 당했는데 경찰차와 응급차의 사이렌 소리로 가득한 꿈이었다. 엘레나는 그 꿈에 압도되어서 사이렌 소리만 들으면 울게 되었다. 다른 한 경우는 악몽이었다.

> "놀러 가서 레스토랑에 앉아 밥을 먹는데, 권총 소리가 나더니 이내 한 남자가 뛰어 들어왔어요. 그런데 저희가 진짜로 놀러 갔을 때, 그런 일이 정말 일어났어요."

누구도 엘레나에게 그런 꿈을 꾸는 사람이 엘레나 혼자가 아니라는 것과 많은 문화권에서 그런 꿈은 숨겨야 하는 게 아닌 장려될 만한 특별한 은사가 있는 것으로 간주된다는 것을 알려 주지 않았다. 엘레나와 같은 아이들에게 이런 꿈의 특성에 대해 자세히 알려 준다면, 그에 따른 고통은 훨씬 줄어들 것이다.

텔레파시

사람에서 사람으로, 마음에서 마음으로, 물리적 거리를 뛰어넘어 전통적으로 인정된 의사소통 방법을 사용하지 않고 정보를 주고받는 것, 즉 텔레파시Telepathy는 어른들과 아이들 모두에게 일어나는 현상이다. 융은 텔레파시 꿈을 초자연적인 것으로 보지 않고 현재의 지식으로는 이해할 수 없는 어떤 것을 기저로 한다고 보았다. 이전 장에서 다루었듯이, 그런 꿈은 죽음과 같이 감정이 크게 동요될 때 종종 일어난다.

전기 작가 로널드 클락Ronald Clark이 지적했듯이 프로이트는 말년에 과학적으로 설명할 수 없는 의사소통의 신비에 대해 관심을 가졌다. 프로이트는 텔레파시가 사람들 사이의 원시적인 의사소통 수단이었는데, 다른 감각기관이 진화를 통해 고도로 발달함에 따라 이것이 후경으로 밀려난 것이라고 추측했다. 더 나아가 그는 그런 의사소통 방법은 특수한 조건하에 증명될 수 있는 것이라고 여겼다. 빌헬름 스테켈Wilhelm Stekel은 텔레파시 사건이 강한 정서 작용에 의해 사람들 사이에서 일어나는 것임을 관찰한 첫 번째 정신분석가다. 그의 연구는 미국의 마이머니데스 센터Maimonides Center에서 증명되었다. 텔레파시 꿈은 치료동맹 또는 관계가 매우 중요한 사이인 환자와 분석가 사이에서도 보고되었다.

꿈에서의 역행인지

세세하게 사건이 기록되는 아이들의 꿈은 역행인지reterocognition(과거의 사건을 텔레파시로 감지하는 것—역자 주)의 증거이거나 혹은 지난 시간에 대한 인식인 역환생의 증거로 간주되기도 한다. 아일린 쿡은 『아기들의 입 밖으로』에서 런던 타워에 갇힌 죄수가 되어 결국 처형을 당하는 고통스러운 꿈을 연속적으로 꾼 열한 살 여자아이의 사례를 인용한다. 비록 비현실적인 설정이지만 꿈에서 그 여자아이는 처형대를 들고 타워까지 가도록 명령받았다. 거기서 그녀는 처형대에 사용할 도끼를 보았다. 그것은 이전에 자기가 그렸던 것과 같은 모양이었다. 이것이 실제로 경험을 했으나 그것을 잊어버리는 경우인 '잠복기억cryptonesia'의 예시인지 아니면 역행인지 혹은 역환생의 증거인지는 말하기 어렵다. 아일린 쿡은 꿈의 이런 측면과 관련된 연구에 관심이 있는 사람들을 위한 더 많은 예시를 책에서 다루었다.

우리는 아이들의 정신적·영적 경험을 받아들이고 조심스럽게 그 의견들을 다루어야 한다. 몬테규 울만과 낸 짐머만Nan Zimmerman은 『꿈 다루기Working with Dreams』에서 다음과 같이 말한다.

"꿈은 과거로 돌아갈 수도 있으며, 오래된 기억을 상기시키는 것뿐만 아니라, 경험을 뛰어넘어서 미래의 시간과 공간으로 가서 정보를 얻는 것 또한 가능하게 한다."

아이스크림과 햇볕

11

꿈꾸는 자의 환희: 가장 행복한 꿈

꿈은 우리의 마음이 만드는 바람이에요.

−루이스(7)

많은 꿈이 아이들에게 엄청난 기쁨을 준다. 요정을 만나고 맛있는 음식을 먹으며, 세계를 날아다니고 유명해지는 것들이 아이들에게는 무척이나 행복한 꿈이다.

나는 오랫동안 아이들의 꿈 이야기를 들어 왔는데, 그 아이들로부터 들은 이야기 중 '최고로 행복한 꿈' 시리즈를 이 장에서 함께 나누고자 한다. 이 장에서의 꿈들은 자신을 대변한다.

*⁂ 성공

"제가 춤 경연대회에서 우승한 꿈이었어요. 저는 아일랜드 댄서
였고 아일랜드 춤 축제 바로 전에 이 꿈을 꿨어요."

-쇼나(11)

"나는 날아가서 산타 할아버지를 만나고, 장난감들이 나를 장남
감 나라로 데려다 줘서 즐겁게 놀았어요. 집으로 돌아오는데 오즈
의 나라에 떨어지는 꿈을 꿨어요. 거기선 『오즈의 마법사』에 나오
는 사람들을 캐스팅하는 중이었는데, 나에게 도로시 역할을 하겠
냐고 물었어요. 도로시가 된 나는 허수아비를 만나러 가다가 막 잠
에서 깼어요."

-엠마(10)

"저에게 가장 행복한 꿈은 올림픽 금메달을 따는 거였어요."

-클로다(10)

"나는 리버풀 팀에서 선수로 출전해 FA Cup을 땄어요."

-이안(10)

✳✳ 또 다른 세계

"사탕 꿈인데요, 모든 게 사탕으로 만들어져 있었어요."

-샤를롯(10)

"나는 형형색색의 나라에 있었는데 토끼들이 나에게 와서 차를 마시자고 했어요. 나는 까르르 웃으면서 꿈에서 깼어요."

-조안나(9)

"어느 날 나는 혼자 있다가 갑자기 공중으로 몸이 떴어요. 나는 날 수 있었어요. 여기저기를 날아다녔어요."

-자후르(8)

"팅커벨 요정이요, 다른 요정들과 함께 내 방 창문 밖에 있었어요."

-앤드류(5)

"요정나라 꿈을 꾼 적이 있어요. 우리 침대는 철제로 만든 게 아닌 이끼로 만들어져 있었어요. 베개는 꽃잎이었고, 침대보는 잎사귀였어요. 그 위에서 막 자려는 순간 잠에서 깼어요.

-길(8), 찰스 키민스의 『아이들의 꿈Children's Dreams』에서 발췌

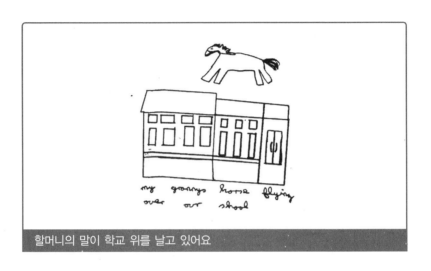

my grannys horse flying
over our shool

할머니의 말이 학교 위를 날고 있어요

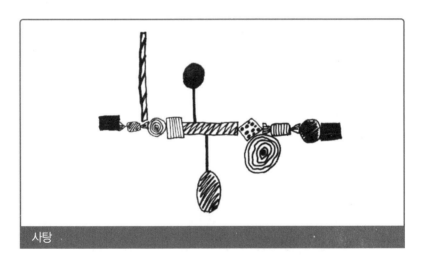

사탕

소망 충족의 꿈

"나에게 가장 행복한 꿈은 요정나라에 간 나에게 요정들이 세 가지 소원을 말해 보라는 꿈이었어요. 나는 코낼이 살아 있었으면 좋겠다고 말했죠. 코낼은 내가 예전부터 마음에 두고 있던 아이예요. 나는 요정나라에서 돌아와 관에서 나와 있는 코낼을 보았어요! 하지만 그것조차 꿈이었어요."

―에바(11)

"나의 가장 행복한 꿈은 움직이는 성을 받아서 집에 돌아왔던 꿈이에요. 하루 종일 내 방 창가에서 뛸 정도로 기뻤어요."

―조지(10)

"열 번째 생일 밤 꿈에서 미키마우스가 삼촌으로 변신하더니 저를 위한 파티를 성대하게 열어 주었어요. 그래서 저는 엘리스와 매드헤터와 다른 주인공들도 모두 불렀어요."

―클레어(10)

"가장 행복한 꿈은 내가 다섯 개의 별들과 춤추고 노래하는 꿈이에요. 한 살 한 살 먹을 때마다 나는 내 꿈이 진짜로 일어나기를 빌어요."

―자넷(10)

*동물로 인한 기쁨

"이제까지 제일 행복한 꿈은요, 내가 기른 햄스터가 말도 하고 날아다니는 꿈이에요. 햄스터가 나를 구름 위로 데려다 주었고 우리는 거기서 같이 차를 마셨어요."

─레아(11)

"사막에 캥거루와 함께 남겨졌어요. 이유는 모르겠어요. 나는 계속 깡충깡충 뛰고 있었죠. 왜냐하면 내가 아기 캥거루였거든요. 나는 사막 한가운데에 모자를 쓴 캥거루랑 같이 앉아 있었어요. 아기 캥거루가 된 기분은 참 좋았어요."

─데비(9)

*재결합

"할머니가 크리스마스 아침에 우리 집에 오셔서 우리가 선물을 그 자리에서 열어 보는 것을 지켜보셨어요. 예전에 늘 그랬던 것처럼요."

─로라(12)

"커서 유명한 가수가 되었어요. 그래서 멋진 말들도 많이 갖게 되었고 예쁜 마구간도 만들어 주었어요. 그리고 엄마와 언니, 아빠

를 위한 집도요. 아빠는 집이 완성되자 돌아와서 우리와 같이 살게
되었어요."

-제니(9)

*＊ 인 간 관 계

"가장 행복한 꿈은 나를 자꾸 괴롭히는 친구가 나를 그만 괴롭
히는 꿈이에요."

-애니(10)

"학교에 있었는데요, 내가 예쁜 색깔의 물고기를 가지고 있었어
요. 그래서 나는 멋진 사람이 되었고, 모든 친구들이 나에게 잘 해
주었어요."

-젬마(7)

*＊ 마 지 막 으 로 , 세 상 을 구 원 하 는 꿈

"어느 날 꿈속에서 잠에서 막 깼는데 하늘 색이 변해 있었어요.
일주일이 지났는데도 비가 오지 않는 걸 보고, 우리는 하늘 색이
변해서라고 생각했죠. 그래서 무언가 하기로 결심했어요. 우리는
비행기를 타고 하늘 위로 올라가서 하늘을 원래 색깔로 다시 칠하
고 내려와서 비행기를 착륙시키고 하늘을 칠한 페인트가 마르기

를 기다리고 비도 오기를 기다렸어요. 일주일이 지나자 드디어 비가 왔어요. 비가 내리자마자 모든 식물들이 다시 자라나기 시작했지요."

－레베카(11)

디노사우르의 공격

수면과 꿈에 대한 아동 관련 도서

다음에 소개할 책들은 아이들이 어떤 꿈을 꾸는지 그 꿈이 어디에서 기인하는지를 이해하는 데 도움을 준다. 이 책들은 꿈의 주제에 접근하려는 당신에게 도움을 줄 뿐만 아니라 꿈의 세계에 대한 즐거움과 불안을 나누는 데 있어 아이들을 격려할 수 있다.

여기에서 연령별 분류는 단지 지침일 뿐이다. 어린 독자에게 추천된 많은 책은 더 높은 연령의 아이들에게도 추천할 수 있다. 그리고 당신의 자녀에게도 유용한 정보가 될 수 있다.

5세 미만

Arnold, T. (1987). *No Jumping on the Bed.* London: Bodley Head.

Bell Corfield, R. (1988). *Somebody's Sleepy.* London: Bodley Head.

Brown, R. (1988). *Our Cat Flossie.* London: Anderson Press.

Collington, P. (1988). *The Angel and the Soldier Boy.* London: Magnet Books.

Gay, M. L. (1987). *Moonbeam on a Cat's Ear.* London: Picture Lions.

Hague, K. (1987). *Out of the Nursery, Into the Night.* London: Methuen.

Hill, S. (1986). *One Night at a Time.* London: Picture Lions.

Howard, J. (1988). *When I'm Sleepy.* London: Andersen Press.

Hutchins, P. *Good-Night Owl!* London: Bodley Head.

Johnson, J. (1988). *My Bedtime Ryhme.* London: Andersen Press.

Kitmura, S. (1988). *When Sheep Cannot Sleep*. London: Beaver Books.

Lloyd, E. (1982). *Nandy's Bedtime*. London: Bodley Head.

Omerod, J. (1982). *Moonlight*. London: Kestrel Books.

5~9세

Carroll, L. (1989). *Alice's Adventures in Wonderland*. London: Puffin.

Dalron, A. (2000). *The Afterdark Princess*. London: Mammoth.

Foreman, M. (1982). *Land of Dreams*. London: Andersen Press.

Goode, D. (1988). *I Hear a Noise*. London: Andersen Press.

Impey, R. (1988). *The Flat Man*. Sherborne, Dorset: Ragged Bears.

Jones, A. (1984). *The Quilt*. London: Julia MacRae Books.

King, D. (2000). *Bear's Dream*. London: HarperCollins.

Lobby, T. (1990). *Jessica and the Wolf: A Story for Children Who Have Bad Dreams*. London: Magination Press.

Marshall, M. (1983). *Mike*. London: Bodley Head.

Mayer, M. (1983). *There's a Nightmare in My Cupboard*. London: Methuen.

Mayle, P. (1987). *Sweet Dreams and Monsters*. Basingstoke: Macmillan.

McCaughrean, G. (2000). *100 World Myths and Legends*. London: Orion.

McGough, R. (1992). *Pillow Talk*. London: Puffin Poetry.

Pavey, P. (1981). *One Dragon's Dream*. London: Puffin.

Pelgrom, E. (1988). *Little Sophie and Lanky Flop*. London: Jonathan Cape.

Pinkney, J. (1985). *The Patchwork Quilt*. London: Bodley Head.

Pinkney, J. (1987). *Half a Moon and One Whole Star*. London: Bodley Head.

Pomeranz, C. (1985). *All Asleep*. London: Julia MacRae Books.

Richardson, J. (1987). *Beware, Beware*. London: Hamish Hamilton.

Richardson, J. (1988). *The Dreambeast*. London: Andersen Press.

Riddell, C. (1988). *Mr Underbed*. London: Andersen Press.

Ross, T. (1988). *Naughty Nigel*. London: Puffin.

Rowling, J. K. (2000). *Harry Potter Series*. Bloomsbury.

Sendak, M. (1973). *In the Night Kitchen*. London: Puffin.

Sendak, M. (1975). *Where the Wild Things Are*. London: Bodley Head.

Seuss, Dr. (1962). *Sleep Book*. London: Collins.

Simmons, P. (1987). *Fred*, London: Jonathan Cape.

Wahl, J. (1988). *Humphrey's Bear*. London: Gollancz.

Wild, M. (1984). *There's a Sea in my Bedroom*. London: Hamish Hamilton.

Wilson, J. (1998). *Sleep-overs*. London: Doubleday.

Wilson, J. (1998). *The Suitcase Kind*. London: Corgi.

Wilson, Jacqueline. (1999). *The Illustrated Mum*. London: Corgi.

Yabuuchi, Masayuki. (1983). *Sleeping Animals*. London: Bodley Head.

11세 이상

Blume, J. (1986). *Letter to Judy*. Basingstoke: Pan.

Dickinson, P. (1988). *Merlin Dreams*. London: Gollancz.

Duncan, L. (1983). *Stranger with My Face*. London: Hamish Hamilton.

Gleitzman, M. (2000). *Water Wings*. Basingstoke: Macmillan.

Lindsay, R. (1978). *Sleep and Dreams*. Donbury, CT: Franklin Watts.

Melling, O. R. (1986). *The Singing Stone*. London: Puffin.

Osborne, V. (1988). *Moondream*. London: Piper/Heinemann.

Pullman, P. (2000). *The Northern Lights Trilogy*. London: Scholastic Children's Books.

Shearer, A. (2000). *The Great Blue Yonder*. Basingstoke: Macmillan.

Storr, C. (1964). *Marianne Dreams*. London: Puffin.

Ablon, S. L., & Mach, J. E. (1980). Children's Dreams Reconsidered. *The Psychoanalytic Study of the Child Series, 35*, 179-217.

Ames, L. B. (1964). Sleep and Dreams in Childhood. In Ernest Harms (Ed.), *Problems of Sleep and Dreams in Children.* Oxford: Pergamon Press.

Ayalon, O, (1987). *Rescue: Community Orientated Preventive Education.* Haifa: Nord Publications.

Bass, E., & Thornton, L. (Eds.) (1983). *I Never Told Anyone: Writings by Women Survivors of Child Sex Abuse.* New York: Harper & Row.

Bettelheim, B. (1987). *A Good Enough Parent.* London: Thames & Hudson.

Bettelheim, B. (1978). *The Uses of Enchantment: The Meaning and Importance of Fairy Tales.* London: Peregrine.

Blume, J. (1986). *Letters to Judy: What Kids Wish They Could Tell You.* London: Pan.

Boa, F. (1988). *The Way of the Dream.* Boston and London: Shambala.

Bowlby, J. (1985). *Attachment and Loss.* London: Penguin Books.

Bradford, S. (1961). *Harriet Tubman: The Moses of Her People.* New York: Corinth Books.

Brody, H. (2000). *The Other Side of Eden: Hunter-gatherers, Farmers and the Shaping of the World.* London: Faber and Faber.

Brook, S. (1983). *The Oxford Book of Dreams.* Oxford: OUP.

Bulkeley, K. (1993). *The Wilderness of Dreams: Exploring the Religious Meanings in Dreams in Modern Western Culture.* New York: State University of New York Press.

Bulkeley, K. (1995). *Spiritual Dreaming: A Cross-Cultural and Historical Journey.* New York/Mahwah, NJ: Paulist Press.

Burton, L. (1974). *Care of the Child Facing Death.* London: RKP.

Chivian, E. (1983). *The Human Cost of Nuclear War.* Medical Campaign Against Nuclear Weapons. London: Titan Press.

Cohen, F. (1978). Art Therapy After Accidental Death of a Sibling. In C. E. Shaefer & H. L. Millman (Eds.), *Therapies for children.* New York: Josey Bass.

Cooke, A. (1968). *Out of the Mouths of Babes: ESP in Children.* London: James Clarke & Co.

Crick, F., & Mitchinson, G. (1984). The Function of Dream Sleep. *Nature, 304.*

Day, M. (1997). Britain's Forgotten Children. *New Scientist, 22,* February.

de Becker, R. (1968). *The Understanding of Dreams.* London: George Allen & Unwin Ltd.

de la Mare, W. (1939). *Behold This Dreamer.* London: Faber & Faber.

Epel, N. (1993). *Writers Dreaming.* New York: Carol Southern Books.

Eron, L. D., & Huesmann, L. R. (Eds.) (1984). Television Violence and Aggressive Behaviour. In B. Lahey & A. Kazdin (Eds.), *Advances in Clinical Child Psychology.* Vol. 7. NY: Plenum.

Evans, C. (1983). *Landscapes of the Night.* London: Gollancz.

Feinberg, I. (1968). Eye Movement Activity During Sleep and Intellectual Function in Mental Retardation. *Science, 159.*

Fordham, M. (1944). *The Life of Childhood.* London: Kegan Paul.

Foulkes, D. (1977). Children's Dreams: Age changes and sex differences. *Waking and Sleeping, 1.*

French, K. (Ed.) (1996). *Screen Violence.* London: Bloomsbury.

Freud, S. (1976). *The Interpretation of Dreams.* Harmondsworth: Penguin.

Garfeild, P. (1984). *Your Child's Dreams.* New York: Ballantine Books.

Goodwin, J. (1982). 'Use of Drawings in Evaluating Children Who May Be Incest Victims.' *Children and Youth Services Review, 4.*

Green, C. (1982). *Lucid Dreams.* Institute of Psychophysical Research.

Green, G. *The Artists of Jerezin.* New York: Schocken Books.

Guilleminault, C. (Ed.) *Sleep and it's Disorders in Children.*

Greenberg, R., & Perlman, C. (1972). R.E.M. Sleep and the Analytic Process: A Psycho-physiologic Bridge. Report to the American Psychoanalytic Association. New York.

Grimmitt, M., Grove, J., Hull, J., & Spencer, L. (1991). *A Gift to the Child: Religious Experience in the Primary School.* London: Simon & Schuster.

Hall, C., & Vernon, N. (1972). *The Individual and His Dreams.* New York: New American Library.

Handler, L. (1972). Amelioration of Nightmares in Children. *Psychotherapy Theory, Research and Practice, 9.*

Harms, E. (Ed.) (1964). *Problems of Sleep and Dreams in Children.* Oxford: Pergamon Press.

Harmann, E. (1973). *The Functions of Sleep.* New Haven: Yale University Press.

Heather-Greener, G. Q., Comstock, E., & Joyce, R. (1996). An Investigation of the Manifest Dream Context Associated with Migraine Headaches: A Study of the Dreams that Precede Nocturnal Nightmares. *Journal of Psychotherapy and Psychosomatics, 65,* 216-221.

Huesmann, L. R., & Eron, L. D. (1984). Television Violence and Aggressive

Behaviour. In B. Lahey & A. Kazin, (Eds.), *Advances in Clinical Child Psychology, 7*. New York: Plenum.

Jastrow J. (1888). The Dreams of The Blind. *New Princeton Review, 5*.

Jung, C. G. (1979). In H. Read, M. Fordham, & G. Adler (Eds.), *The Collected Works of C. G. Jung* (1953-78). London: Routledge.

Keller, H. (1908). *The World I Live In*. London: Hodder and Stoughton/Century Books.

Kellerman, J. (1979). Behaviour Treatment of Night Terrors in a Child with Acute Leukemia. *Journal of Nervous and Mental Disease, 167*, 3, 182-188.

Kimmins, C. W. (1920). *Children's Dreams*. London: Longmans.

King, N., Tonge B. J., Mullen, P., Myers, N., Meyne, D., Rollings, S., & Ollendick, T. H. (2000). Sexually Abused Children and Post Traumatic Stress Disorder. *Counselling Psychology Quarterly, 13*, 365-375.

Kirtley, D. (1975). *The Psychology of Blindness*. Chicago: Nelson-Hall.

Kübler-Ross, E. (1983). *On Children and Death.*: New York: Macmillan.

Levitan, H. (1988). Dreams which Precede Asthma Attacks. In Krakowski, A. J. & Kimball, C. P. (Eds.), *Psychosomatic Medicine: Theoretical, Clinical and Transcultural Aspects*. New York: Plenum.

Levy, D. (1945). Psychic Trauma of Operation in Children and a Note of Combat Neurosis. *American Journal of the Disturbed Child, 69*, 7-25.

Lewis, J. R. (1995). *The Dream Encyclopedia*. Washington DC: Visible Ink Press.

LoConto, D. G. (1998). Death and dreams: A sociological approach to grieving and identity. *Omega: Journal of Death and Dying, 37*, 171-185.

Maisch, H. (1973). *Incest*. New York: Stein and Day.

Mallon, B. (1987). *Women Dreaming*. London: HarperCollins.

Mallon, B. (1989). *Children Dreaming*. Harmondsworth: Penguin.

Mallon, B. (1998). *Helping Children to Manage Loss: Strategies for Renewal and Growth*. London: Jessica Kingsley Publishers.

Mallon, B. (2000). *Dreams, Counselling & Healing*. Dublin: Gill and Macmillan.

Marner, T. (2000). *Letters to Children in Family Therapy*. London: Jessica Kingsley Publishers.

Martin, P. (1997). *The Sickening Mind*. London: HarperCollins.

MacKie, R., & Whitehouse, T. (1998). This might be what be what God looks like: Moscow's boy in a million. *The Observer, 19*, July.

Mellick, J. *The Natural Artistry of Dreams*. Berkeley, CA: Conari Press.

Miller, A. (1991). *Breaking Down the Wall of Silence*. London: Virago Press.

Myers, F. W. H. (1903). *Human Personality and Its Survival of Bodily Death*. London: Longman's Green and Co.

Natterson, J. M. (Ed.) (1980). *The Dream in Clinical Practice*. New York: Jacob Aranson.

O'Neill, C. W. (1976). *Dreams, Culture, and the Individual*. San Francisco: Chandler & Sharp.

Petrillo, M., & Sanger, S. (1980). *Emotional Care of Hospitalized Children*. (2nd ed.) Philadelphia. J. B. Lippincott Co.

Postman, Neil (1988, September). Violence: A Symptom and a Cause. *Sunday Times, 25*.

Prasad, J., & Stevenson, I. (1968). A Survey of Spontaneous Psychical Experiences in School Children in Uttar Predesh, India. *International Journal of Parapsychology, 10*.

Proksch, K., & Schredl, M. (1999). Impact of Parental Divorce on Children's Dreams. *Journal of Divorce and Remarriage, 30*, 71-82.

Robinson, E. (1977). *The Original Vision*. Oxford: The Religious Experience Research Unit.

Rossi, E. L. (1972). *Dreams and the Growth of Personality: Expanding Awareness in Psychotherapy.* New York: Pergamon Press.

Sabini, M. (1981). Dreams as an Aid in Determining Diagnosis, Prognosis, and Attitude Towards Treatment. *Psychotherapy and Psychosomatics, 36.*

Saint-Denys, H. (1982). *Dreams and How to Guide Them.* London: Duckworth.

Saline, S. (1999). The Most Recent Dreams of Children Ages 8-11. *Dreaming, Journal for the Association of the Study of Dreams, 9,* 2/3, 173-181.

Shafton, A. (1999). African-Americans and Predictive Dream. *Dream Time Magazine.* The Association for the Study of Dreams 16.

Smith, R. C. (1984). A Possible Biologic Role of Dreaming. *Psychotherapy and Psychosomatics, 41,* 167-176.

Stekel, W. (1943). *The Interpretation of Dreams.* New York: Liveright.

Stevens, A. (1996). *Private Myths: Dreams and Dreaming.* Harmondsworth: Penguin.

Stevenson, R. L. (1983). In S. Brook (Ed.), *The Oxford Book of Dreams.* Oxford: OUP.

Tanner, A. (1979). *Bringing Home Animals.* New York: St Martin's Press

Terr, L. Nightmares in Children. In. C. Gillemault (Ed.), *Sleep and Its Disorders in Children.* New York: Raven Press.

Treasure, J. (1997). *Anorexia Nervosa: A Survival Guide for Families, Friends and Sufferers.* Hove: Psychology Press.

Ullman, M., & Zimmerman, N. (1979). *Working with Dreams.* New York: Dell.

van der Castle, R. (1994). *Our Dreaming Mind.* New York: Ballantine Books.

Varma, V. P. (Ed.) (1984). *Anxiety in Children.* London: Croom Helm.

von Franz, M. L. (1944). *C. G. Jung: His Myth in Our Time.* New York:

Ballantine Books.

von Franz, M. L. (1986). *On Dreams and Death.* Boston, MA: Ballantine Books.

Wallerstein, J., Blakeslee, S., & Levis, J. (2001). *The Unexpected Legacy of Divorce: A 25 Year Landmark Study.* New York: Hyperion.

Wallerstein, J., & Kelly, J. B. (1980). *Surviving The Break-Up: How Children Cope with Divorce.* London: Grant-McIntyre.

Weems, C. F., Berman, S. L., Silverman, W. K., & Saavedra, L. M. (2001). Cognitive Errors in Youth with Anxiety Disorders. *Journal of Cognitive Therapy and Research, 25.*

Winnicott, D. W. (1974). *Playing and Reality.* Harmondsworth: Penguin.

Wiseman, A. S. (1986). *Nightmare Help: A Guide for Parents and Teachers.* Berkeley, CA: Ten Speed Press.

Wolman, B. (1979). *Handbook of Dreams: Research, Theories and Applications.* New York: Van Norsrand Rheinhold.

Woodman, M. (1991). *Dreams: Language of the Soul.* Casette recording no A131, Boulder, Colorado, USA, Sounds True Recordings.

Woren, J. W. (1983). *Grief Counselling and Grief Therapy.* London: Tavistock, Publications.

Yamamoto, K., Soliman, A., Parsons, J., & Davies, O. L. (1984). Voices in Unison: Stressful events in the lives of children from six countries. *Journal of Child Psychology and Psychiatry, 28,* 6, 127-133.

Yudkin, S. (1967). Children and Death. *The Lancet, 7,* January.

찾아보기

인 명

Oswald, I. 18
O' Neill, C. W. 43

Pearlman, C. 18
Petrillo, M. 195
Postmans, M. 142
Proksch, K. 219

Rackham, A. 165
Redons, O. 166
Robinson, E. 250
Rossi, E. 18, 206
Rowling, J. K. 93

Sabinis, M. 183
Saline, S. 64
Sanger, S. 195
Schredls, M. 219
Shafton, A. 118
Shelleys, M. 162
Smith, R. C. 180
St. John Crysostom 247
Stekel, W. 271
Steven, A. 101

Stevenson, R. L. 161

Tanner, A. 107
Terr, L. 137
Torress, M. R. 141
Treasure, J. 204
Tubman, H. 265

Ullmans, M. 264

Van der Castle, R. 246, 259
von Franz, M. 158, 215

Wallerstein, J. 216
Winnicott, D. 234
Worden, J. W. 221

Yeats, W. B. 161
Yudkin, S. 189
Yule, V. 146

Zimmermans, N. 272

내 용

저 · 자 · 소 · 개

Brenda Mallon

20년 이상 꿈 연구 분야에 종사하고 있으며, 성인과 아동을 대상으로 상담하는 저명한 심리치료사다. Association for the Study of Dreams의 위원장이고, 영국과 아일랜드의 International Dreamtime Project의 대표다. 꿈에 관한 많은 저서를 출간했으며, 아이들의 꿈 세계를 이해하는 데 있어 새로운 관점을 제시한 BBC TV의 〈꿈꾸는 아이들〉을 제작하기도 하였다.

역 · 자 · 소 · 개

유미숙

전) 한국놀이치료학회 회장
　　한국상담심리학회 부회장
현) 숙명여자대학교 아동복지학과 교수
　　숙명여자대학교 사회교육대학원 놀이치료전공 주임교수

〈저서〉
놀이치료의 이론과 실제, 아동복지, 현명한 부모는 아이의 마음을 먼저 읽는다 외 다수

〈역서〉
놀이치료-치료관계의 기술, 보드게임을 활용한 아동심리치료, 꿈의 과학적 탐구,
집단놀이치료 핸드북, 아동 문제별 놀이치료, 놀이와 아동발달 외 다수

김미경

연세대학교 신학 · 심리학과 졸업
하버드대학교 교육대학원 교육학 석사
하버드대학교 신학대학원 종교학 석사

신미

숙명여자대학교 아동복지학과 졸업
숙명여자대학교 대학원 아동심리치료전공 박사
현) 연세정신과 아동청소년 심리치료사

어린이의 꿈 세계

꿈분석을 통한 아동심리치료

Dream Time with Children: Learning to Dream, Dreaming to Learn

2012년 4월 10일 1판 1쇄 인쇄
2012년 4월 20일 1판 1쇄 발행

지은이 • Brenda Mallon

옮긴이 • 유미숙 · 김미경 · 신미

펴낸이 • 김진환

펴낸곳 • ㈜**학지사**

121-837 서울특별시 마포구 서교동 352-29 마인드월드빌딩 5층

대표전화 • 02) 330-5114 팩스 • 02) 324-2345

등록번호 • 제313-2006-000265호

홈페이지 • http://www.hakjisa.co.kr

커뮤니티 • http://cafe.naver.com/hakjisa

ISBN 978-89-6330-659-9 93180

정가 15,000원